非暴力沟通·两性篇

[美]马歇尔·卢森堡（Marshall B.Rosenberg）◎著
崔天◎译 刘畅◎审核

Being Me, Loving You:
A Practical Guide
to Extraordinary Relationships

华夏出版社
HUAXIA PUBLISHING HOUSE

图书在版编目（CIP）数据

非暴力沟通.两性篇/（美）马歇尔·卢森堡(Marshall B.Rosenberg) 著；崔天译.—北京：华夏出版社，2020.2（2025.3重印）

书名原文Being Me,Loving You: A Practical Guide to Extraordinary Relationships

ISBN 978-7-5080-9782-4

Ⅰ.①非… Ⅱ.①马… ②崔… Ⅲ.①心理交往－通俗读物②两性交往－通俗读物 Ⅳ.①C912.11-49②C913.14-49

中国版本图书馆CIP数据核字(2019)第261473号

Translated from the book Being Me,Loving You by Marshall Rosenberg
Copyright©2005 PuddleDancer Press,published by PuddleDancer Press.
All rights reserved. Used with permission.
For further information about Nonviolent Communication (TM) please visit the Center for Nonviolent Communication on the Web at: www.cnvc.org.

版权所有 翻印必究
北京市版权局著作权合同登记号：图字01-2018-2562号

非暴力沟通·两性篇

作　　者	[美]马歇尔·卢森堡
译　　者	崔　天
审　　核	刘　畅
责任编辑	马　颖
责任印制	刘　洋
版权统筹	曾方圆

出版发行	华夏出版社有限公司
经　　销	新华书店
印　　刷	三河市少明印务有限公司
装　　订	三河市少明印务有限公司
版　　次	2020年2月北京第1版　2025年3月北京第8次印刷
开　　本	787×1092　1/32
印　　张	4.75
字　　数	70千字
定　　价	45.00元

华夏出版社有限公司
网址:www.hxph.com.cn 地址：北京市东直门外香河园北里4号 邮编：100028
若发现本版图书有印装质量问题，请与我社营销中心联系调换。电话：（010）64663331（转）

**非暴力沟通
感受词汇卡**
Nonviolent
Communication

需要得到满足时的感受：

兴奋　喜悦　欣喜　甜蜜　精力充沛　兴高采烈

感激　感动　乐观　自信　振作　振奋　开心　高兴

快乐　愉快　幸福　陶醉　满足　欣慰　心旷神怡

喜出望外　平静　自在　舒适　放松　踏实　安全

温暖　放心　无忧无虑

需要没有得到满足时的感受：

害怕　担心　焦虑　忧虑　着急　紧张　心神不宁

心烦意乱　忧伤　沮丧　灰心　气馁　泄气　绝望

伤感　凄凉　悲伤　恼怒　愤怒　烦恼　苦恼　生气

厌烦　不满　不快　不耐烦　不高兴　震惊　失望

困惑　茫然　寂寞　孤独　郁闷　难过　悲观　沉重

麻木　精疲力尽　萎靡不振　疲惫不堪　昏昏欲睡

无精打采　尴尬　惭愧　内疚　妒忌　遗憾　不舒服

非暴力沟通 需要词汇卡
Nonviolent Communication

1. **自由选择：** 选择梦想／目标／方向

   自由制定计划来实现这些梦想、目标和方向

2. **庆祝：** 庆祝生命的创造力以及梦想的实现

   纪念人生的失落：亲人的去世或梦想的破灭等（表达悲伤）

3. **言行一致：** 真诚　创造　意义　自我肯定

4. **滋养身体：** 空气　食物　运动

   免于病毒、细菌、昆虫及肉食性动物的伤害

   休息　住所　触摸　水

5. **玩耍：** 乐趣　欢笑

6. **情意相通：** 美　和谐　激励　秩序　平静

7. **相互依存：** 接纳　欣赏　亲密关系　社区

   体贴　成长　安全感　倾听

   诚实（诚实使我们能够认识和超越自己的局限性）

   爱　信心　尊重　支持　信任　理解

在阅读了"如何表达感激"(第121~123页)的内容之后,如果您愿意,可以此框架来设计属于您自己的感谢卡(本书另附赠精美的空白感谢卡)。以下内容可供您练习及未来设计参考之用。

感谢卡

我想要感激你,因为你(做了) _____

_____

我的感受是 _____

_____

_____

这让我 _____ (什么需要)得到了满足。

《非暴力沟通·两性篇》
之感谢卡

目 录
CONTENTS

前言 … 001

两性相处时的典型冲突 … 001

关于婚姻 … 009

深入探讨四个问题 … 013

 评判 … 018

 强制 … 019

 同理倾听 … 020

 用非暴力沟通的方式倾听和回应 … 021

角色扮演 … 029

 聆听诉求 … 030

 如果我滔滔不绝，请打断我 … 034

 你想从我这里得到什么呢 … 040

 真的只是因为食物吗 … 045

 弄清楚我们想要什么 … 051

当别人不接受时 … 053

我们是在争论吗 … 054

听到拒绝时 … 065

对方想听这些吗 … 071

表达感受和需要 … 073

安慰与同理的区别 … 094

不放弃表达自己需要的权利 … 096

在你身边我迷失了自己 … 101

提出请求 … 109

应对歧视 … 111

面对辱骂 … 116

如何表达感激 … 121

如何练习非暴力沟通 … 125

非暴力沟通对"爱"是如何理解的 … 131

结语 … 135

前　言

猜猜我今天碰上了什么事？晚上我就要举行这个关于人际关系的研讨班，但一大早上七点钟，我就遇到了一件麻烦事儿。我妻子特意打电话过来问了我一个问题，我相信这个问题对大家来说，是你在一段亲密关系中的任何时刻都不喜欢面对的，更别提是在你睡意蒙眬的清晨七点钟了。那么，她到底问了我一个什么问题呢？

她的第一句话是，"我吵醒你了吗？"当然，这并不是我说的那件"麻烦事儿"。随后她问道："我有一个非常重要的问题问你：我有魅力吗？"说实话，我不喜欢这类问题。例如，我经过一番长途奔波，终于身心俱疲地回到了家，结果门刚开她就问我："你发现家里有什么变化吗？"我环顾四周也没发现有什么不同，只好老实回答："没发现啊。"结果却是，她把整个房子都粉刷了一遍！我知道，类似今天早上"我有魅力吗"这样的问题，在情侣关系中经常会出现。当然，作为一个倡导以非暴力方式沟通的人，我是能够以"这不是以非暴力沟通的方式提出的问题"作为借口搪塞过去的，但真正的非暴力沟通的方式会这样表达：因为我们都知道人不可能总是保持一种状态而没有变化，所以没有人可以一直被认定为"有魅力"或者"没有魅力"的。但是，我也知道她不会满足于我这样的说辞，所以我说："你是想知道自己是否有魅力吗？"她说："是的。""有时有，有时没有。那么现在，我可以睡觉了吗？"谢天谢地，她满意我的回答了，我的天哪！在我非常喜欢的一本书（丹·格林堡的《让自己过上悲惨生活》）中，有这样的一段对话：

"你爱我吗？听着，这对我非常重要，请认真想好了再回答。你爱我吗？"

"我爱你。"

"拜托，这对我非常非常重要，请务必认真考虑好之后再回答。你爱我吗？"

（一段时间的沉默后）"……我爱你。"

"那你刚才在犹豫什么啊？"

人们的思维模式和沟通方式是可以改变的。可以给予自己更多的尊重，并从自身的不足中吸取教训，而无须因为自身的不足对自己心生厌恶。我们要做的就是告诉人们怎样去实现这种状态。我们提供了一种与我们身边所爱之人相处的方式，这种方式能够帮助我们享受更深层次的亲密关系，并为彼此带来更多的快乐；同时，将我们从因责任、义务、内疚、羞愧而影响亲密关系的困境中，解脱出来。

两性相处时
的典型冲突

BEING ME, LOVING YOU
A PRACTICAL GUIDE
TO EXTRAORDINARY RELATIONSHIPS

参与者：马歇尔，你认为男人与女人之间的主要矛盾和问题是什么呢？

马歇尔：好吧，我承认，在工作中我经常会听到这样的问题。时常会有女士找到我，跟我说："马歇尔，我不想误导你，我先生很好……"然后呢，我就知道那个"但是"马上就要说出来了。果不其然，她接着说道："……但是，我从来都不了解他的真实感受。"我想说的是，虽然你说了很多，好像天底下的男人都是约翰·韦恩情感表达学校、克林特·伊斯特伍德学校和史泰龙学校毕业的[1]，当然，也有例外。但你并没有清楚地表达出你内心的感受和想法，而只是一味地把人们看作电影中走进小酒馆的约翰·韦恩一样的人。你认为，他们就像约翰·韦恩一样，即使你拿枪指着他，他也从来不会说"我害怕"；即使他已

---

[1] 约翰·韦恩（《大追踪》）、克林特·伊斯特伍德（《荒野大镖客》）和史泰龙（《第一滴血》）都是好莱坞电影中剽悍好斗、勇敢坚毅、少言寡语的英雄形象的塑造者，借此来隐喻内向、坚韧和不善表达的男人。——译者注

经在沙漠里待了六个月,他也从来不会说"我很孤独"。那么,像约翰·韦恩这样的男人到底是如何与他人进行沟通交流的呢?他就是通过简单粗暴地给别人"贴标签"模式来交流的,即在他的眼里,要么是好人,要么是坏蛋,是好人就请他喝一杯,是坏人就直接干掉好了。

通过这样的沟通方式,很多男人根本不知道怎样和自己的情绪建立联系。事实上,作为一名男性,我之前接受的基本上也是这种沟通方式的训练。如果他被训练成了一名战斗英雄,那么他就不希望自己的意识受制于自己的感受。所以,对于一个可能一直在玩洋娃娃的女人来说,嫁给一个长年在枪林弹雨里摸爬滚打的战斗英雄并不见得是一种很美好的体验。因为女人希望他们之间保持亲密,而这位战斗英雄的词典中压根儿就没有"亲密"这个词。

另外,很多女人并没有学会怎样清楚地了解自己的需要。几个世纪以来,她们被灌输的思想都是如何忽略和克制自己内心的需要,以体谅和照顾男人的感受。因此,她们常常依赖于男人的引领,并在某种程度上期望男人能够猜出她们需要什么、想要什么,继而顾及并满足她们的需要。所以,我经常会遇到类似这样的两性间的问题。但正如我所说的那样,没有人一定会是怎样的,不同的个体之间也会存在着很多差异。

参与者:让我们针对男女之间发生的这类冲突进行一下角色扮演吧。你能设定一下具体的情境吗?我的意思是,你知道他们争吵最多的往往都是哪些问题吗?

马歇尔:嗯,最常见的一种情境就是女人对男人说:"我觉得我们俩现在的关系并不是我想要的那样,我们之间还不够亲密,我这样说你能明白么?"而男人的反应会是:"啊?"

参与者:好的,那我来扮演男人。

（于是马歇尔扮演女人，两人接着上面的情境开始角色扮演。）

男人：那你到底想要什么呢？你想要我怎么做呢？

女人：比如现在，我希望你能告诉我你的感受，而不是你刚才问我的问题。比如，我想了解：你被我说过的话伤害了吗？你生气了吗？你害怕了吗？

男人：我不知道。

女人：看吧，这就是我要说的问题。当你自己都不了解你的真实感受时，我很难在我们的关系中感受到亲密和信任。

男人：好吧，我感觉你是在……我感觉你是在指责我。

女人：所以，你感觉很受伤，你希望我能尊重你，并感激你为这段关系付出的努力，是吧？

男人：嗯，是的。

女人：看吧，我本来很希望听你说出你的内心感受。我很想听到你说"我受伤害了""我希望得到一些认可"。但你没有这么说，反而说"你在指责我"。你这样的话语迫使我尽量不让自己被你所说的话困扰，更不要在意你言语中的责怪，但这种状态让我无法更好地去倾听你的感受和需要。我不想那么辛苦，如果你能直接告诉我你内心的感受，我会非常感激的。

男人：好吧，但很多时候，我并不知道自己内心的真实感受是什么。你想从我这里获取什么呢？

女人：首先，我很高兴我们有了这样一次谈话。我想让你知道的是，我希望自己能够意识到：如何给予我我所需要的东西——你正为此感到困惑。我也努力让自己察觉到，要求你做到的这些对你而言还是挺陌生的，我会让自己保持更多的耐心，目前我也很乐意倾听你内心的真实感受。

男人：哦，现在，我想我很高兴你接下来能够告诉我你需要什么。

马歇尔：上面就是一段非常典型的用非暴力沟通方式进行的互动。此段对话中的这个男人，接下来会听到这个女人所表达的需要。

关于婚姻

BEING ME, LOVING YOU

A PRACTICAL GUIDE
TO EXTRAORDINARY RELATIONSHIPS

马歇尔：大家可能听我提到过，由于我们被灌输了太多关于"婚姻意味着什么"的疯狂观念，所以我们会发现，维系夫妻间的婚内关系要比处理情侣间的未婚关系复杂得多。但同时，我发现，当我不再把和我一起生活的那个人看作"我的妻子"的时候，我就能更好地享受婚姻，因为在我所处的文化环境中，当有人提到"我的妻子"时，他会不由自主地认为妻子是他的某种私人财产。

非暴力沟通能帮助我们建立起一种关系，在这种关系中，我们彼此能够发自内心地互相给予。这就意味着，当与伴侣相处时，我们不会再因为自己顶着"妻子""丈夫"的名头而暗含着我们"有责任"、"有义务"、"理应"或"必须"为对方做些什么，也不必再因为内疚、羞愧、潜意识、恐惧、义务或责任而去给予。在我看来，如果我们为伴侣做任何事情都是在这类动因的驱使下才完成的，我们每个人也会因此而迷失自我。当我们接受源自这类动因而被给予的任何东西时，我们也知道自己必将为此付出代价，因为这种给予是以牺牲对方的利益为前提的。因此，非暴力沟通真正令我感兴趣的是，这是一种能够让我们为对方真诚付出的沟通方式。

如果我们学会了发自内心地给予，并在给予时感觉就像接受时一样快乐，结果会怎么样呢？当我们以一种极富人情味的方式去做一件事情时，我认为给予者与接受者并没有太大的区别。反之，当我们以一种我称之为评判的方式彼此互动时，给予才会显得不那么有趣。

深入探讨
四个问题

BEING ME, LOVING YOU

A PRACTICAL GUIDE
TO EXTRAORDINARY RELATIONSHIPS

下面我会问你四个问题，这四个问题分别对应非暴力沟通的四要素[1]，建议你把自己的答案写下来。如果你已经结婚成家有了伴侣，那就请你设想是在跟自己的伴侣交谈吧。或者，如果你想探讨其他关系，你也可以选择一个和自己亲近的人，比如一位好友。此时，作为你的非暴力沟通对象，我打算问你如下四个问题，这些问题是所有使用非暴力沟通方式说话的人在各类关系，尤其是亲密关系中，都特别感兴趣的。假设正是你的伴侣或好友向你提出了这四个问题，那么请你回答以下每一个问题。

你知道的，作为一名非暴力沟通者，我并不希望因为我曾做过的任何事情或者说过的任何话语而让你的生活变得不那么美好。所以，不管什么时候，如果我做了让你的生活变得不够美好的事情，就请你提醒我，这对我会很有帮助。你能想到我做的哪件事情

---

1. 非暴力沟通的四要素指观察、感受、需要、请求，马歇尔·卢森堡在他另一本作品《非暴力沟通》（华夏出版社出版）中对此有非常详细的讲解。——编者注

（或因为没做哪件事情）让你的生活变得不那么美好吗？请你写出一件来。

第一个问题：

你能告诉我，作为你的伴侣或朋友，我曾经做过哪件事，让你感到你的生活不那么美好吗？（观察）

现在，第二个问题来了。作为一个用非暴力沟通方式说话的人，我不仅想知道我做了什么事情让你的生活变得不够美好，还希望能够时时刻刻了解你的真实感受，这对我而言非常重要。为了使我们彼此能够以心交心，你的感受至关重要，我非常需要了解它们。如果我们能够了解彼此的真实感受，那对我们的关系将会很有促进作用。所以，我的第二个问题是：

当我做这件令你感到不开心的事时，你的感受如何？（感受）

请将你的感受写下来。

现在让我们来看第三个问题。作为一个运用非暴力沟通方式说话的人，我意识到，我们的感受是我们的需要是否得到满足的结果。当我们的需要得到满足时，我们会产生"愉悦的感受"，比如幸福、满意、愉悦、快乐、满足等等，但当我们的需要得不到满足时，我们就会产生你刚才所写的那些感受。所以，我的第三个问题就是：

你的哪些需要没有得到满足呢？（需要）

我希望你能从你的需要是否得到满足的角度来告诉我你为什么会有这样的感受："我有这样的感受是因为我原本喜欢 ____（或者因为我原本想 ____/原本希望 ____/原本渴望 ____）。"请按照这种格式把你的需要写下来。

此时，非暴力沟通者会为即将进入的下一个问题而变得兴奋起来，而这个问题恰恰是所有非暴力沟通者的人生重心。我迫不及待地想知道你对这个问题的答案了。大家准备好来迎接这个非暴力沟通的关键问题了吗？

我知道，有时我做的事并没有让你的生活变得丰盈美好，而对此你应该也有切身体会。既然你已经告诉了我你有哪些需要没有得到满足，那现在请再告诉我，为了能满足你的需要，我能够做些什么呢？这正是非暴力沟通的终极命题：

我们能够做些什么，让彼此的生活变得更加美好呢？（请求）

非暴力沟通的主旨就是，在任一特定情境下，将这四个方面的内容准确地传递给对方。当然，我们的需要并不是总能得到满足。在非暴力沟通中，我们也会说"谢谢"，并通过回答前三个问题来告诉对方，他们怎样真正地充实了我们的生活。我们会告诉他们：（1）他们所做的哪些事情充实了我们的人生；（2）我们有什么样的感受；（3）我们的哪些需要因他们的行为而得到了满足。我认为，作为人类，有两句话是我们基本都会说的，即"请"和"谢谢"。而非暴力沟通语言体系的建立，正是为了让我们所表达的"请"和"谢谢"变得更加清晰和明确，进而排除那些阻碍我们坦诚交流的杂音。

评判

阻碍人们坦诚交流的沟通方式主要有两种。第一种是任何听起来含有评判对方之意的讯息。如果你已经采用非暴力沟通的方式表达了你所写下的关于这四个问题的答案，那么对方就不会把你的话听成是对他们的指责。正如你所看到的，你只是在第一个问题描述他们的行为时涉及了他们，并没有评判他们的行为。第二个到第四个问题都是关于你自己的：你的感受、你未得到满足的需要和你的请求。如果你的问题中有什么字眼容易被对方听成是对他们的指责，我猜想你肯定是在这四部分内容中夹杂了自己的一些评判。

谈到"评判"时，我所指的是攻击、批评、责备、评价或其他任何对对方有评头论足意味的话语。如果你的回答符合非暴力沟通的原则，那么其中应该没有容易被对方理解为指责的话语，但是如果对方此刻长了一对"吹毛求疵"的耳朵（马歇尔假装戴上了一对耳朵），那么不管你说了什么，在他们听来都是对他们的指责。后面我们将一起探讨，当这样的沟通困境发生时，我们该如何有效地去应对。我们希望能够以非暴力沟通的方式与所有人进行交流。

强制

第二种阻碍人们坦诚交流的沟通方式是任何带有强迫意味的暗示。作为一名想用非暴力沟通方式进行交流的人，你希望向对方传达你刚才所写下的这四个方面的内容，让他觉得这是一份礼物、一个交心的机会，而不是一种要求或者命令。在非暴力沟通语言中，评判和命令是要杜绝的。当我们告诉他人自己的请求需要什么时，我们传达的信息是："如果你愿意，请这样做，但不要以牺牲你自己的需要为代价为我做任何事情，也永远不要为我做任何可能会给你带来哪怕一丝恐惧、内疚、羞愧、怨恨或屈服感的事情，不然，我们都会感到痛苦。请遵从你的内心，如果你觉得，满足我的需要对你自己而言也是一份礼物，那么我希望你能尊重我的请求。"只有当彼此都不觉得自己是在损失、付出或屈服时，这一行为才是双赢的。

同理倾听

非暴力沟通主要由两个关键部分组成：第一部分是要向对方清楚明白地传达有关这四个方面的信息，但不能让对方觉得你是在评判或者命令他。第二部分则是学会去倾听对方发出的有关这四个方面的信息，而不要去关注他们是在指责你还是在以非暴力沟通方式与你交流。

如果对方用非暴力沟通方式与我们交谈，我们的生活会变得轻松起来。他们会清楚地传达关于这四个方面的信息，而我们要做的就是在做出任何反应之前准确地接收这些信息。

然而，如果对方的确是在指责我们，此时我们要做的就是戴上非暴力沟通的耳朵（当马歇尔假装戴上一对耳朵时，观众发出笑声）。非暴力沟通的耳朵能够充当你的翻译：无论对方说出什么样的话，当我们戴着非暴力沟通的耳朵时，我们听到的都是非暴力沟通的语言。例如，当对方说"你知道吗？你的问题就在于＿＿"时，通过这对耳朵我听到的是"我希望你能＿＿"。我并没有听到任何评判、指责或攻击。通过这样一对耳朵，我能够意识到，所有批评都是对方的需要没有得到满足时的一种值得同理的宣泄。之所以说其值得同理，是因为这样的表达方式通常说明表达者的需要没有得到满足时，会导致各种紧张局面相继出现。凭借非暴力沟通语言的技巧，我们就能够越过这个坎。因为我们从来听不见指责，我们听到的永远只有对方那些未被满足的需要。

用非暴力沟通的方式倾听和回应

现在，我们来做一个练习，当有人以评判的方式说话时，该怎样运用非暴力沟通的方式去倾听。我希望有人能够主动提供一些个人的亲身经历来供大家参考。如果你能把前面你自己所写的四个问题的答案读出来，我们将帮你一起分析，看看你的回答是否符合非暴力沟通的原则，是否掺杂有评判性的话语。

第一个问题："我曾经做过的哪件事，让你感到你的生活不那么美好？"

（参与者A提供了一个场景）

参与者A：你似乎没有在听我讲话。

马歇尔：你用了"你似乎……"这样的句式。现在我就可以告诉你，你对这个问题的回答并不符合非暴力沟通原则。当你运用"你似乎……"这一句式时，我就知道你要做出评判了，"你似乎没有在听我讲话"就是一个评判。

你是否听过这样的一段对话？一个人说："你根本不听我说的话。"然后，另一人说："我一直都在听！""不，你没有。""不，我有。"

所以，你看到了吧，当我们以评判而非观察的方式开始一段谈话时，就会发生这样的情况。

下面我们继续这段对话。

"请告诉我，我做了什么事情让你觉得我没有在听你说话呢？我可以一边读报纸、看电视，一边听你说话啊！"

参与者 A：我刚刚注意到你的眼睛一直在盯着电视看。

马歇尔：像你这样的说话方式，如果你的伴侣不是以非暴力沟通的方式在倾听，他立马就会听出冒犯的意味，但作为戴着非暴力沟通耳朵的你的伴侣，我并没有听到批评，我只会去揣测你正在对我的哪种行为做出回应。

"你是指刚刚我一边看电视一边听你说话这件事情吗？"

参与者A：是的。

马歇尔："我一边看电视一边听你说话，你是什么感受呢？"（第二个问题的灵活应用）

（马歇尔私下提醒参与者A）请别回答"你根本没听！"这不是感受，这样的回答会让我们的谈话不知不觉地陷入另一种评判[1]。

参与者A：我感到既失望又难过。

马歇尔：现在让我们来找找解决办法吧！你能告诉我，你为什么会有这样的感受吗？（第三个问题的灵活应用）

参与者A：因为我想要得到我伴侣的欣赏。

马歇尔：这种回答就是很经典的非暴力沟通方

---

[1]. 想了解更多表达感受的词汇，可参见文前"非暴力沟通感受词汇卡"。——编者注

式！我们注意到，她没有说"因为你看电视，所以我感到失望和难过"，她并没有因为自己感到伤心而怪罪于我，而是将它们归因于她自己的需要："我感到 ____，是因为我 ____"；而倾向于评判的人则往往会以下面这种方式来表达自己的感受："你一边看电视一边跟我说话伤害了我。"换言之，即："我感到 ____，是因为你 ____。"

现在来看第四个问题吧：

"你希望我做些什么，来让你的生活变得更加美好呢？"

（接上一场景）

参与者A：当你与我交谈时，我希望你能看着我的眼睛，并对我所说的话做出适当的回应。

马歇尔：好的，大家都理解非暴力沟通的四要素了吧？观察、感受、需要、请求。"当你一边看电视一边听我说话时（观察），我感到失望和难过（感受）。因为我很期待你能给我一些肯定的回应，或用心倾听我说的话（需要）。你愿意在我说话时注视着我的眼睛，然后对我所说的话给予回应，并在我表达有误时给我一个纠正的机会吗（请求）？"

当然，有的人可能会把你的话听成是对他的批评，并想要为自己做出一番辩解："我在听啊，我可以一边看电视一边听你说话。"或者，如果他觉得听到的是你对他的命令，他可能会叹气，然后说："好吧。"这就表明，他所听到的并不是一份请求，也没有把你们之间的这次对话看作一个能为彼此争取到更多幸福的机会。他听到的是你对他的命令，他可能会屈从，但如果他真的这么做了，你可能反倒宁愿他没有这样做，因为他其实只是为了防止你情绪崩溃，他没有机会听到你的需要。所以，他这样做的目的不是为了让你的生活变得更美好，而只是为了避免给自己的生活带来不必要的麻烦。

这就是说婚姻是一项真正的挑战的原因。在很多人的观念里，爱和婚姻就意味着压抑和忽视自己而去迁就对方。"如果我爱她，我就必须这样做，无论是否心甘情愿。"所以，他会去做，但会带来很多弊端。也许有一天，你反倒希望他没有这样做。

参与者A：因为他是会在心里打分的。

马歇尔：是的，这时候，人的大脑里仿佛装了一台计算机：他们会告诉你，十二年前他们是怎么样为了你而牺牲自己的。诸如此类的，他们总能以这样或那样的方式回想起来。"我一直硬着头皮为你做了那么多我本来不愿去做的事情，你起码要做到____吧！"是的，这种情况总是会发生，不要担心他们会有所遗漏而忘记哪件事，这个时候他们都是杰出的统计学家。

角色扮演

BEING ME, LOVING YOU
A PRACTICAL GUIDE
TO EXTRAORDINARY RELATIONSHIPS

聆听诉求

另外一位参与者：那么，如果对方说"我可以一边看电视一边听你说话"，非暴力沟通者应该怎样回应呢？

（在后面的交流中，马歇尔扮演非暴力沟通者，与参与者进行角色扮演。）

非暴力沟通者：是不是因为我的话给你带来了一些压力，所以你感到恼火了呢？你是想要摆脱这种压力吗？

参与者：当然，你总是在要求我。我的天哪！不断地要求我这要求我那！

非暴力沟通者：所以，你受够了这些要求，希望做一些你想要做而不是迫于压力必须做的事情，对吗？

参与者：就是这样的。

非暴力沟通者：现在，我感到十分沮丧，因为我不知道我要怎样说才能让你知道我需要什么，同时又不会让你觉得我是在要求你。我只知道两种选择：要么什么都不说，对我自己的需要置之不理；要么告诉你我需要什么，然后让你觉得我是在要求你。反正无论怎样选择，我都感到很为难。你能告诉我你刚才听明白我的意思了吗？

参与者：啊？

一些人曾经成长在一个高压的世界里。他们的父母可能会认为，让他们做任何事情的唯一途径就是如果不做就惩罚他们，或让他们产生负罪感。因此，他们可能并不熟悉其他行为方式，他们并不知道请求和要求两者之间究竟有什么区别。所以，对于这些不了解非暴力沟通说话方式的人来说，上面那些话是令人费解的。因为他们真的觉得，如果不按照别人要求他们的去做，内疚感或不安全感就会随之而来。对于像我这样的使用非暴力沟通语言的人而言，要想让这些人明白，我的请求对于他们来说是礼物而不是要求，并不是一件容易的事。但当我们真的成功时，我们就可以为自己免去很多痛苦，因为当人们不用非暴力沟通的耳朵去倾听时，任何来自他人的请求都会给他们带来痛苦。

非暴力沟通者：我想知道，我该怎样去向你请求我想要的东西，而同时又不会让你觉得我是在向你施加压力呢。

参与者：我不知道。

非暴力沟通者：好吧，我很高兴我们能把这一点讲清楚，因为这正令我感到左右两难：我不知道我该怎样表达我自己才能既让你知道我想要的是什么，又不会让你觉得你不得不这样做，或者我是在强迫你去这样做。

参与者：嗯，我知道这对你来说有多重要了，而且……如果你爱一个人，你会遵照他的请求去做的。

非暴力沟通者：我能让你改变你对爱的定义吗？

参与者：改成什么？

非暴力沟通者：爱不是迎合他人而忽视自己，而是应该真实地表达我们的各种感受和需要，同时设身处地地聆听对方的感受和需要。带有同理心地去倾听并不意味着你必须遵从，而只是准确地接受对方所传递的生命的赠礼。爱是要诚实地表达自己的需要，但这并不意味着你要发号施令，而只是去表明"这就是我，这就是我所喜欢的"。那么，你觉得这样来定义爱怎么样呢？

参与者：如果我认同这一定义，我就会成为一个不同的人了，是吗？

非暴力沟通者：是的，的确如此。

如果我滔滔不绝,请打断我

(另一场景)

马歇尔:还有人能提供其他场景吗?

参与者 B:有时候,当听一个人说话听得有些不耐烦时,人们通常会说:"我想你安静一会儿,我不想再听你说下去了。"因为当对方话太多时……

马歇尔:如果你是一名非暴力沟通者,那么你的意识里就不该有类似"太多"这样的词。因为,认为某个东西"过多"、"过少"或"刚刚好",这样的看法都会滋生很多危险的观念。

参与者 B:为了避免对方听得不耐烦,必须这样做才能给对方回应的机会,是吗?

马歇尔:必须?

参与者 B:不,不是"必须"。我的意思是说"这样做将会是个好主意"。

马歇尔：是的，但你要知道，并不是说你必须要停下来，因为在你的生命中有很多时候你根本没有停下来的机会。（观众发出笑声）

参与者B：好吧，我希望能够从我的朋友那里得到某种信号……

马歇尔：……你是指在他听得有点不耐烦的时候吗？

参与者B：是的。

马歇尔：当人们滔滔不绝地讲话，而我们听得有点不耐烦的时候，我们所能做的最友善的事情就是打断他们。注意这其中的不同，这并不是说"他们的话太多"，而我之所以说是"最友善的"，是因为我曾询问过好几百个人这样的问题："如果你长篇大论，让别人感觉有点不耐烦，你是希望对方继续假装用心地听你说话，还是阻止你继续说下去？"其中除了一人以外，其他人都坚定地表示："我希望被阻止。"而唯一持反对意见的女士是这样表示的，当别人告诉她不要再说下去时，她会感到尴尬，不知道怎样应对。

在以非暴力沟通的语言进行沟通时，我们都知道，通过微笑和睁大眼睛来掩饰你大脑已经死机的事实对对方来说并不是一种友善的行为。因为这样对双方都没益处，相反，这种行为会让对方不断地感受到压力和紧张，而这并不是他们真正想要的。他们希望的是自己的每一种行为和从自己口中说出的每一句话都能够让你的生活美好，所以，当实际情况并非如此的时候，请一定要善意地对待他们，并请他们停下来吧。

事实上，我也是花了很长一段时间才鼓起勇气去验证这一点的，因为在我成长所处社会的主流文化影响下，没有人会真的去打断别人的讲话。我还记得自己第一次决定在社交场合冒险尝试去打断别人讲话时的经历。当时,我在北达科他州的法戈与一些老师共事,当晚我受邀参加了他们举办的社交聚会。聚会上,大家围坐在一起闲聊着,但不到十分钟,我就感觉到自己的能量明显不足了。我不知道这样的谈话意义在哪里,也体会不到大家当下对此有什么感受和需要。一会儿,有人又说:"哦,你知道我们假期做了什么吗?"然后,大家就开始谈论假期。再然后,又有其他人开始了另外的话题,大家又就这个新话题讨论了一番。我听了一会儿后,终于鼓起勇气说道:"对不起,我对这样的谈话感到有点没耐心了,因为我并没有与你们建立那种我想要倾听的联系。我想知道你们是否真的享受这样的谈话,你们此时的答案对我会很有帮助。"实际上,如果他们说他们享受这样的谈话,我会努力让自己也融入这样的谈话之中,但其他人都不说话了,他们就那样愣愣地看着我,好像我刚刚把一只蟑螂扔进了汤里一样。

在大约两分钟的时间里,我认为自己死定了,但我明白,我当时之所以感觉很糟糕,并不是因为他们的回应,而是因为当时我自己就感觉很不好,我知道自己已经戴上了评判的耳朵,我在想自己说错了什么。而当我戴上非暴力沟通的耳朵后,我体会到了他们通过沉默所表达的感受和需要,于是,我说道:"我猜你们都很生我的气,你们可能希望我老老实实地待在那里听就好,不要打扰你们,对吗?"

当我把注意力转移到别人的感受和需要上时,我感觉自己也轻松了许多。这样,我就完全不用再担心对方是否会挫伤我的士气,让我抓狂,或者让我产生一种自己弱爆了的感觉。就像在这个例子中一样,尽管我猜错了,但当我把注意力转移到别人的感受和需要上时,我真的觉得轻松了很多。我猜测他们生气了,但事实上他们并没有真的生气。

第一个说话的人告诉我:"不,我没有生气,我只是在思考你刚才所说的话。"然后,他说:"我对这样的谈话也感到厌烦。"而实际上,他一直是聚会上那个话最多的人,这一点我一点也不惊讶,因为我发现，如果倾听者感到无聊，说话的人可能同样也感到无聊，这通常意味着我们的谈话已经毫无生气了。在这样的谈话中，我们并没有真正了解到彼此的感受和需要，而是陷入了一些既定的社会习惯中，让彼此感到厌烦。作为一个经常被惯性思维裹胁的人，你可能早已习惯了这样的谈话方式却并不自知。

我记得巴迪·哈克特曾说过，在去军中服役之前，他一直不知道饭后胃部也可以保持轻松。因为他妈妈每顿饭都做得非常丰盛，他每次都吃到十分饱，胃胀俨然已经成为他的一种生活常态了。同样，大多数人都习惯了无聊，无聊已经成了他们的一种生活方式。他们只是聚到一起，说着没头没脑的话，虽然这样的谈话可能毫无生机，但无奈的是，他们只知道这样的谈话方式。

在询问整个小组之后，他们都表达了与我相同的感受：不耐烦，因为参加这样的聚会而感到沮丧，感觉聚会死气沉沉、毫无生气……随后，其中的一位女士问我:"马歇尔,既然这样,那我们为什么还要继续做呢?""你指的是做什么呢?"我问道。"就是围坐在一起,让彼此感到厌烦啊。你只是今晚才来参加一次这样的聚会,而我们每周都要像这样聚在一起呢!"她回答。我说道:"因为我们可能还没有学会像我刚刚那样冒险去打断别人,关注我们自己的感受。我们要问自己,我们真的从生活中得到了我们想要的东西吗?如果没有,那就让我们来做点什么吧。因为生命的每一刻都弥足珍贵,太珍贵了,所以当我们的活力和能量减退时,就让我们来做点什么吧,好让自己赶快清醒过来。"

你想从我这里得到什么呢

(另一场景)

参与者C:马歇尔,我在想,有时候我们女人在与自己的男人一起开车出去兜风时,会说:"哎呀,这个房子真漂亮,不是吗?"或者说:"你看那个湖,我就想去那样的地方。"这时,他们会觉得,他们必须得给我们弄一套这样的房子或者立刻带我们去湖边才能满足我们,而实际上,尽管我们看起来热情十足,但我们真的并没有要求任何东西,我们只是兴奋地发表评论而已。怎么会发生这样的误会呢?

马歇尔:说到这里,我想替男人们说几句,当然也不只是男人,女人其实也一样。当你说了些什么但没有明确表达你希望从别人那里得到什么样的反馈时,这就会给你们的关系带来更多的麻烦,而你自己可能都没有意识到这一点。因为此时,别人只能依靠猜测来判断你需要什么:"她是想让我说一些漂亮的但无关痛痒的话呢,还是真的想告诉我一些别的事情呢?"

这就像我在达拉斯机场通往航站楼的小火车上遇到的那对夫妇一样。先生紧挨着他的妻子坐着,而我则坐在他们的正对面。由于火车开得很慢,先生转头怒气冲冲地对妻子说:"我从没有见过开得这么慢的火车!"我们注意到,这与上面提到的"这个房子真漂亮,不是吗?"这样的话很类似。那个女人想要些什么呢？而此时的这位先生又想要些什么呢？他可能并不会意识到，当我们只发表评论，而不明确我们想要的东西时，这样的做法会给对方带来多大的困扰。这就像是一个猜谜游戏，要想从你的话语中清楚地了解你需要得到怎样的反馈，就需要完完全全地站在你的立场上，了解当下所发生的一切。那么，这样看来，这位先生除了那句"我从没有见过开得这么慢的火车！"之外，其他的似乎什么也没有说。当时我就坐在他们的正对面，我能看到这位先生的妻子有些不安，她爱的人正处于痛苦之中，而她却不知道他想要些什么。

然后，她做了我们大多数人在不知道对方想要从我们这里获得什么的时候都会做的事情：她什么话也没有说。之后，这位先生也做了我们大多数人在没有得到我们想要的东西时都会做的事情：他把自己的话又重复了一遍。

此时，也许他像我们中的很多人一样相信有魔法的存在：只要你不断地重复自己所说的话，你就能得到自己想要的东西。于是，他又说了一次："我从没有见过开得这么慢的火车！"她回应道："这趟列车的行驶速度是由程序控制的。"这次我还是很喜欢女士的回应的，但我并不认为这就是她先生想要得到的反馈。那么，她为什么会给她先生一些他已经知道的信息呢？因为她在尝试着去做一名调停者，她在努力让事情变得好起来，但是她感到不知所措，因为她的先生并没有告诉她自己到底想要什么，而这更加加重了她的痛苦。这时，先生又第三遍重复了自己所说的话："我从没有见过开得这么慢的火车！"这时，太太终于也失去了耐心，她说："好吧，那你想让我怎么样呢？下去推火车吗？"

所以，你瞧，这位先生想要获得的东西可能也是我们所有人每天都想要得到的，当我们得不到它时，我们的士气会明显受挫。我们每天都想要得到它，而且常常一天不止一次，所以当我们得不到它时，我们会感到很沮丧。而大多数时候，当我们想要得到它时，我们可能并不知道它是什么；即便我们知道了它是什么，我们也仍然不知道到底该如何去获得它。多么可悲啊！我相信，这位先生想要获得的是同理心，他希望太太能告诉他，她确实体会到了他的感受和需要。

但如果他学习过非暴力沟通语言，他可能会说："好家伙，我从没有见过开得这么慢的火车！你能明白我此时此刻的心情吗？"

然后，太太可能会回应："我猜你真的很恼火，你希望他们能以不同的方式更好地管理这些火车，是吗？"

"是的，但更重要的是，如果我们不能及时赶到那里，我们就会迟到，到时我们可能需要为我们的机票支付额外的费用。"

"所以你很担心，你希望我们能够准时到达那里，这样我们就不用再额外花钱了。"

"是的（叹气）。"

当我们感到痛苦时，能够单纯地让另一个人了解我们的痛苦是一件非常有价值的事情，我们可能不会想到的是，这种关注和理解竟然会产生如此大的作用，它虽然不能完全解决我们面临的难题，却为我们彼此提供了一种情感联系，让我们在等待问题得到解决的过程中变得更有耐心。而当我们不这样做时，就像这位先生一样，双方最终可能都会变得比开始时更加痛苦。

真的只是因为食物吗[1]

（另一场景）

参与者 D：马歇尔，我能分享一下昨天晚上我发生的事吗？

---

1. 食物与非暴力沟通之间有着我们以往忽略掉的联系，对此话题有兴趣的读者，可翻阅《非暴力沟通·食物与身体关系篇》（华夏出版社出版）一书。——编者注

本来我感到很难过，因为我丈夫已经连续两天缺席伴侣研讨班了。我晚上11：00到的家，他差不多11：05从贝克尔斯菲市附近的巴顿威洛的汽车旅馆打来电话，我向他讲述了课堂上发生的事情以及他错过的课堂内容——我们小组讨论的关于饮食的话题。这一点对我非常重要，因为我是一名强迫性暴饮暴食者，我丈夫甚至一度到了不想和我讨论食物的地步，因为他认为我是在用食物自杀……这对于他来说真的太痛苦了，他现在甚至都不愿意再谈论这件事情了。

于是，我把你的建议和研讨班上发生的事情告诉了他。但是让我惊讶的是，多年以来，他第一次向我敞开了心扉。过去，他每次忙了一天回到家中时，都会吃一点冰激凌，以此来消化一天中产生的坏情绪。所以，实际上，在之前我们和食物的关系是有相似之处的，我们都是以吃东西的方式来逃避生活中的一些痛苦和不愉快的。于是在昨天，我意识到，真正地意识到，当我想要一杯杏仁摩卡冰激凌时，我会联想到巧克力和杏仁以及下面那些口感脆脆的东西。于是，我就想，当我忍不住想吃东西时，我到底是在寻求什么呢？是爱！我的脑中突然灵光一现：此时，我通过食物寻求的就是爱。

马歇尔：你的意思是，你想要和你的先生建立起某种联系，但你不知道如何去寻求建立这种联系的途径，所以在过去，你们一直是通过甜点来建立这种联系的，是吗？

参与者D：是的，昨天晚上真的太棒了！我们足足谈了有一个多小时，我想这是我们这么多年以来第一次向彼此敞开心扉。

马歇尔：也就是说，其实连着两个晚上你们都建立起了真正的联系！那么现在，我们想让你以非暴力沟通的方式来和自己谈一谈，然后摒弃那些所谓的"强迫性暴饮暴食者"的说法，因为在非暴力沟通的语言中，不建议使用这样的词，非暴力沟通者是不做任何评判的。我们要记住，所有评判都是对事物的不恰当的表达方式。非暴力沟通是一个过程,当我们对自己说"我是 ___"这样的话时,它其实表现的是一种静态思维,它会把我们放到一个小盒子里,并让我们真的变成自己所想的那样。当我们认为自己(或其他人)"是什么样"时,我们通常会努力让自己(或他人)真的成为那个样子。在非暴力沟通中,没有"是"这样的动词,你不能说"这个人是懒惰的""这个人是正常的""这个人是正确的"这样的话。

现在,我们使用今晚我们已经探讨过的关于非暴力沟通的四个方面,来把"强迫性暴饮暴食者"这样的说法转化为非暴力沟通的语言吧。

(这是一个我们以非暴力沟通的方式与自己进行对话的过程)

参与者D:每当我出于被爱或被爱抚的需要而去吃东西时……

马歇尔：你感觉如何？

参与者D：我感觉食物在某种程度上能够安抚我的一些情绪……

马歇尔：你是感到失望吗？

参与者D：当我无法让自己的需要得到满足时，我感到失望。

马歇尔：你之所以感到失望，是因为你不知道自己需要什么？你真的很想弄清楚自己需要的是什么，这样你才能够去满足它们，对吗？

参与者D：是的，就是这样的，我之所以感到失望，是因为我真的很想弄清楚我需要的是什么，这样我才能够去满足它们。

马歇尔：所以，你想继续昨晚你与比尔在电话里所做的事情。现在，每当你有想吃东西的冲动时，你就会停下来问问自己:"我真正需要的是什么呢?"你看到了吧,我们就这样把"我是一名强迫性暴饮暴食者"的评判,转化成了"我感觉如何""我的哪些需要没有得到满足"和"我想要做些什么"这样的语言。你看,这就是我们以非暴力沟通的方式与自己进行对话的过程。

"当我因为想要获得一些别的东西而进食时……"这是第一部分,观察她自己正在做的事情;然后,第二部分,她会确认自己的感受:"我因为自己的需要没有得到满足而感到失望";第三部分:"我没有获得满足的需要,那么我想了解自己真正想要的是什么,这样我才能有机会得到它";最后是第四个部分:"我能做些什么来让自己的美梦成真呢?当我开始想吃东西的时候,我就会停下来问问自己'我真正需要的到底是什么',然后我就能够了解自己真正需要的是什么了。"

现在,她不再去纠结自己到底存在什么问题了,而是开始更多地去关注改变的过程。虽然这本身不能直接解决问题，但通过这样的方式她终将能够找到解决问题的办法，因为她不再去关注自己存在什么问题了，而是更多地去考虑自己的感受和需要是什么以及自己能为此做些什么。非暴力沟通者从来不会把自己看作一个"有价值的人"，因为，如果你这样做了，你就会花大量的时间来质疑自己是不是一个"毫无价值的人"。非暴力沟通者不会把时间浪费在思考他们是怎样的人这样的问题上，他们每时每刻所思考的不是"我是谁"的问题，而是"我此刻的生活怎样"的问题。

弄清楚我们想要什么

（另一场景）

参与者 E：有时候，因为我们习惯了自己亲自动手去做所有的事情，所以无法体会到让别人为我们做一些事情的美好感觉。在你与她（参与者 C）交谈的过程中，我就在想，如果能够知道一个人需要的是什么该是一件多么美好的事情啊，而有时候，我就是因为不清楚自己需要的是什么，所以才会感到沮丧。

马歇尔：其实，我们大多数人都不知道自己想要什么。只有当我们得到了一些东西，而它却把我们的生活搞得乱七八糟的时候，我们才知道这不是我们想要的。比方说，我想要一个冰激凌甜筒，然后我得到了一个甜筒，迫不及待地吃了下去，再然后我感觉很糟糕，于是我才意识到这并不是我想要的。对于非暴力沟通者而言，这并不是关于知道什么是对、什么是错的问题，而是要在你运用非暴力沟通这种爱的语言时，让自己变得更加勇敢，你该更多地依靠直觉而非思考去选择你想要的东西。非暴力沟通这种语言需要你了解自己没有得到满足的需要是什么，然后选择去做你想要做的事情。

参与者E：我发现自己是个实干者。

马歇尔：你刚刚给自己贴上了标签。

参与者E：我的意思是说，我经常东奔西跑的，想要通过为人们做些事情来和他们建立联系，但有时我会遇到一些看起来确实不希望我那样做的人。我当时感觉也无所谓，但后来开始感到困惑：他们是真的不想接受呢，还是因为不愿意让我走近他们才选择不接受呢？

当别人不接受时

（接上一场景）

马歇尔：这可能是因为，他们习惯性地认为，一旦别人为他们做事，他们就不得不给予回报吧，而这正是让他们感到恐慌的原因，所以他们也对你感到不够信任。他们并没有意识到这个世界上还有另外一种给予，这些给予不是为了同情和照顾他们，而是发自内心的给予。

参与者E：我很难过，因为我都没能清楚地让对方知道，我的给予是发自内心的，或许，我可以和他们说,"你不让我有奉献自己的机会,会让我感到很难过"。

马歇尔:下面你要说什么呢?如果你说到这里就停下来,我们就又回到了火车上那位先生的例子上了。

参与者E:如果我再补充一句,"你能告诉我,你愿意给我这个机会吗",这样呢?

马歇尔:嗯,我很高兴你能把这部分加上,你感到悲伤是因为你真的很想得到向他们奉献自己并让他们愉快地接受你的馈赠的机会。

参与者E:对,真的就是这么简单。

我们是在争论吗

(另一场景)

参与者F:当我尝试跟我的女朋友沟通时,我感到很沮丧,因为她告诉我她不想跟我争论。每当我试图表达我的感受和需要时,她都认为我是在和她争论,她说她不想当着自己孩子的面和我争论(我们聊天时孩子一直在旁边)。

马歇尔:哦,是的,这真的很艰难。如果一个人认为我们是在试图争论,他就会认为我们想要从中胜出,你很难说服他,因为在评判心态下,确实很难做到客观地表达自己的感受和需要而不去证明谁对谁错。

参与者F:但最艰难的是,即便我站在她的角度上尝试去理解她,她仍然认为我是在争论,而当我试着去猜测她的感受和需要时,她也把它看作"争论"。

马歇尔:因为她不想让你去评判她。她害怕一旦自己承认了你所说的话或让自己看上去变得软弱,你就会去攻击指责她,认为她不该有这样的感受和需要。

参与者F:好吧,按照她的说法,她之所以不喜欢去谈论这些东西,是因为她只想感受生活的美好,而不愿意去想那些沉重的东西。

马歇尔：是的，生活已然几多风雨，为什么还要去想那些不开心的事呢？

参与者 F：是的，真是这样的。

马歇尔：我父亲在第一次参加研讨班时就是这么说的。如果从这个角度来看的话，这也不失为一种很有爱意的讯息呢。但是，当他第一次听到所有小组里的人都明确地表示，如果他们的父亲能够将自己的痛苦表达出来，并让他们感受到，这对于他们来说将是一份莫大的恩赐（他们认为清楚父亲的感受和需要对于他们来说是恩赐）时，他着实大吃了一惊。自那以后，他就发生了彻底的改变。

当然，也有很多人认为，谈论痛苦的感受是一种消极而且不愉快的体验，因为他们把它与内疚、惩罚以及其他各种各样不好的感受联系到了一起。他们并没有把它看作非暴力沟通互动之舞的一部分,也并没有体会到谈论痛苦的感受能够起到多么美妙的作用。在最初写这本书的时候,我就正面感受和负面感受分别列了一份清单,但之后,我注意到,人们会认为负面情绪就是负面的,而这并不是我想要的。所以在之后的版本中我就把"正面"和"负面"的词放到了引号中,但这样做好像也没有什么效果。所以,现在我干脆把它们写成了"当我们的需要得到满足时出现的感受"和"当我们的需要没有得到满足时出现的感受",以此来表明两者都是非常有价值的,因为它们都是对生命的诉说。

所以,我们需要做些什么来让你的朋友相信这一点。

(接下来,马歇尔扮演参与者F的女朋友,与作为非暴力沟通者的参与者F进行角色扮演)

女朋友:听着,我不想争论。生活已经有太多的不愉快了，我们为什么不能单纯地度过一个愉快的夜晚，看看电视，享受彼此的陪伴呢？

参与者F：所以你感到很恼怒……

女朋友：你又来了！动不动就要谈感受！

参与者F：（沉默）呃，呃。

女朋友：我真的受不了你老是谈感受！（然后她走进另一个房间，砰地一声关上了门。）

参与者F：更有可能是她对我狂轰滥炸一番，然后我被打倒在地，被读秒。（观众发出笑声）

马歇尔：倒数十个数是吧！好吧，那现在换你来扮演她，然后对我说那些话。

（在接下来的交流中，参与者F来扮演他女朋友的角色，而马歇尔则扮演运用非暴力沟通语言技巧的参与者F）

非暴力沟通者：所以，你真的想谈谈……

女朋友：拉倒吧！快停下来吧！不要再跟我说这些了，我不想听。

非暴力沟通者：我感到很沮丧，因为我……

女朋友：你为什么就不能单纯地做一个让我和你在一起相处时能感到开心快乐的好好先生呢？让我们关注爱，忘掉这些东西吧！

非暴力沟通者：所以你希望我们可以度过一个轻松愉快的夜晚，只享受彼此的陪伴，是吗？

女朋友：是的。

非暴力沟通者：我也希望我们的关系能像你说的那样，但我发现只有当我们无话不谈时我们才能做到这一点。你知道的，我希望自己难过时能哭得痛快，开心时也能笑得痛快。如果你让我笑时只能笑一半，哭时也只能哭一半，那么我会觉得另一半也不存在了，这一点很重要。你能告诉我你明白我的意思吗？

女朋友：你又开始谈论感受和沮丧的事情了，我不想听！

非暴力沟通者：所以，你真的很害怕陷入那种沮丧的情绪中，因此，你想要离它们远远的，是吗？

女朋友：是的，而且今晚我的孩子也在这儿，我不希望我们发生争吵。

非暴力沟通者：你害怕我们会打架吗？

女朋友：不要再说下去了！

非暴力沟通者：你觉得孩子不在场时，我们再谈论这件事怎么样？

女朋友：好的，如果你愿意，你可以来找我吃午饭。

（午餐时）

非暴力沟通者：我想向你展示一种非常积极地表达感受的方法，无论你有什么样的感受，都可以通过这种方法积极地表达出来。

女朋友：我不想听这些东西……你又去上那些所谓的研讨班了吧？（观众发出笑声）我希望自己能够把精力放在生活的积极面上，我不愿意把不愉快的感受表现出来，我只想享受美好的事物。

非暴力沟通者：你很想享受生活的美好，不想因为谈论一些负面的东西而让自己陷入困境是吗？

女朋友：是的，我不想我的生活中有那些不开心的事情。你知道埃米莉今天发生了什么事吗？她去接她的儿子，但是哪里都找不到他。起初，她以为他是跟着邻居一起回家了，就是那个叫维拉斯的，你认识的。但之后她遇到了一个孩子，这个孩子告诉她，他看到她儿子在吃午饭的时候和一个他从来没见过的男人一起离开了学校。你能想象到埃米莉有多么害怕吗？特别是在两年前她姐姐的孩子发生了那样的事情之后。还记得吗？我记得我告诉过你，她姐姐在参观……

非暴力沟通者：不好意思，我要打断你一下，你是想说听到这样的事情发生是一种很可怕的体验，是吗？

马歇尔：你看到我是怎么做的了吗？看上去，这位女性朋友有点根本停不下来的意思，但我不想继续听下去了，我的能量值开始下降了，所以我用非暴力沟通的方式打断了她，并借此来了解她在那一刻透过自己的话语所想表达的感受。我并非要剥夺别人说话的权利，而是要为谈话重新注入新的活力。正如前面我所提到的那样，我的猜测是，如果我感到无聊，那么对方也会觉得无聊，所以，打断他们无论是对他们还是对我自己都是有利的。

非暴力沟通者：你是在告诉我这对你来说真的是一段很可怕的经历吗？

女朋友：是啊，他可能会跑到满是车辆的街上去……

非暴力沟通者：看到我们的生命每时每刻都有可能被夺走真的让你感到害怕，是吗？

女朋友：别再对我说那些东西了。他就在街上，之后他的妈妈就找到了他……

非暴力沟通者：不好意思，我要打断你一下，我感到很不耐烦，因为在我们的谈话中我没有得到我想要的联接。

女朋友：好吧，但我还是得走了，我现在得去接孩子了，学校就要放学了……

非暴力沟通者：我想让你告诉我，你是否还希望继续保持我们之间的关系。

女朋友：当然，你知道的，我真的很喜欢，也很愿意和你在一起。

非暴力沟通者：但我真的不知道该怎样将我们的关系继续下去了，因为有一些东西是我非常看重但是在我们这段关系中却无法得到的，比方说，我希望可以对一些感受发表自己的看法，但如果这与你想要得到的东西不同，我希望我们能够搞清楚，如果事实真的如此，我们可以用非暴力沟通的方式和平分手。

女朋友（突然以非暴力沟通的方式说道）：所以你真的感到很沮丧，因为你想要表达自己的感受和需要，是吗？

非暴力沟通者：这就是我想要的，但我不知道你在一段人际关系中需要的是什么。

马歇尔：有些人总想蒙混过关而不去撕破脸皮，

然后他们就有权利去找想和他们待在一起的人了,但我发现,从来不会有人真正愿意和他们这样的人待在一起。他们常常有着错误的想法,他们总认为我们想把他们与过去那些痛苦的经历联系到一起。通常,我能够让他们明白,他们认为我在谈论什么和我真正在谈论什么之间是有区别的,但对于这位女性朋友,我可能不得不非常聪明地表现才能够做到这一点了,因为她并没有给我多少说话的空间。

听到拒绝时

(另一场景)

参与者 G:我知道非暴力沟通是要帮助我们弄清楚自己的需要,然后根据自己想要的东西发出请求,但这对我男朋友根本不起作用。每当我开始向他请求我想要的东西时,他都会变得非常愤怒和生气。然后,我会告诉他我希望他友善一点,甚至,我觉得最初我就不应该提出这个请求。

马歇尔：有一点让人觉得不可思议，那就是人们每次在听到某个词时就会立刻变得像野兽一样暴跳如雷。他们不仅自己变得狂躁，也会让提到这个词的人变得很狂躁，而其实，它只是一个很短的词——只有两个字母。有人能猜出这个词是什么吗？

很多参与者：是"不！"

马歇尔：是的，但令人感到惊讶的是，人们竟然如此害怕这个词，以至于他们都不敢请求自己想要的东西了，原因是他们不知道一旦对方说"不"，他们自己该怎么去应对。我告诉他们，困扰他们的并不是"不"这个词，而他们说"不是的，就是这个词，我很害怕这个词"。其实，害怕这个问题并不是出在"不"这个词上，而是出在别人说"不"时所传达给我们的信息上。如果我们告诉自己这是一种拒绝，那自然就会导致问题的发生，因为我们感觉自己受到了伤害，所以实际上，问题是出在被拒绝上的。当然，如果我们戴着非暴力沟通的耳朵，我们就不会听到"拒绝"，我们知道,"不"只是一个人在不想要什么东西时做出的一种草率的表达。我们不会听到傲慢无礼,我们只是听到了对方的需要。当然,这肯定是需要练习的。

马歇尔(对参与者G说):那么你男朋友是怎么对你说"不"的呢?

参与者G:呃!我向他发出了请求,然后他说"不"!于是,我说……

马歇尔:通过你的表达,我们就已经知道了问题出在哪儿。大家说说,她男朋友听到的是什么呢?

参与者们:要求。

马歇尔:是的,你的请求在他听来是要求。每当人们像那样说"不"时,其实他们自己都害怕得要命,他们害怕自己的自主权会被剥夺,他们害怕如果他们真的听到对方想要什么,他们会深陷其中,并且无论自己是否愿意,都必须按照对方想要的那样去做。所以当一个人那样毫不犹豫地说"不"时，我们就知道他们并没有听到我们的请求，他们也不是针对我们。很明显，这不是拒绝，因为他们甚至都没有听到这是我们的请求，他们听到的只是要求。

参与者 G：这时候我试着去猜测他的感受，但他却说："我只是想让你理解，让你明白，我不想也不需要玩这样的游戏，我只想让你知道我的答案是'不'。"

此时马歇尔代替 G 的男朋友发声："想想，我是多么害怕失去我的自主权吧。"

如果我们能够出于自己的意愿去做事情，而不是因为我们所爱的人要求，或者担心如果我们不那样做他们就会抓狂或者不停地唠叨。因为不是发自内心地给予，人们会很担心浪费过多的时间在不得不给予的东西上，所以他们会变得很抗拒。所以，他才会说："你要明白！你要理解！我今天不想这么做，我需要保护我的自主权。"

当你的男朋友说"我只想让你明白"时,透过他的语气我们可以发现,他非常厌烦别人的依赖,而且常常会不由自主地感到沮丧。那么,之后你对他说了些什么呢?

参与者G:我……我就翻了个身,然后睡着了。(观众发出笑声)好吧,我是大喊大叫了几句:"不,不,不!"我很生气,非常生气,我说道:"我非常难过。"结果,他却说:"哦,那很好,你终于有了生命力。"(观众发出笑声)然后,他就不说话了。

马歇尔:你知道的,他真的很害怕,他认为他不能保护自己不受你的伤害。你当时非常焦虑,他知道要抽身离开才能保护自己。

参与者G:在这种情况下我能做些什么呢?难道就只能顾影自怜吗?

马歇尔：这时，最重要的一点当然是，不要认为自己有什么地方做错了。

参与者 G：嗯，这一点我能做到。

马歇尔：当别人对我们的需要说"不"时，我认为最好的做法是：确保我们明白自己的需要没有任何问题。我们需要快速地行动起来，因为带着这种紧张和痛苦，我们可能会犯错误，并且可能会觉得如果我们的需要能把一个人吓成那样，那一定是它们哪个地方有问题。

参与者 G：好吧，我本来只是想听听他想要什么。

马歇尔：他的心思已经完全放在了保护自己的自主权上了，而这就是他想要的。他需要空间来确保自己在这段关系中是安全的，他需要确保自己不会在没有做好准备之前就陷入一些事情当中。

参与者 G：所以，我只好默默地心疼一下自己，然后保持安静,是吗?

马歇尔:是的。你要意识到,如果他和大多数男人一样——当然,前提是伴侣是对的——他将需要经过大约三个特殊的阶段才能够把事情想明白。(观众发出笑声)在此期间,你可以去找自己的一些女性朋友,你所要做的就是不要让自己不开心。我曾听我妻子说过一句俏皮话,我觉得那是我听到过的最有意思的俏皮话,她对我说:"只要功夫深,石头也能懂你的心。"(观众发出笑声)"说得没错。"我回复她。

对方想听这些吗

(接上一场景)

参与者G:当他厌烦了依赖并会不由自主地感到沮丧时,我会变得非常绝望,因为我希望让他知道,事实上,我不能强迫他做任何事,所以他根本不需要担心。如果他能相信这一点,我们会开心很多,不是吗?你能明白我的痛苦是什么吗?

马歇尔：我明白，但只有当他觉得你能真正地了解他对即将进入一段亲密关系的那种恐惧时，或许他才会去试着理解你，理解你是处在不知道如何表达自己的需要的状态中，而不会觉得你是在要求他，进而让他产生那种沮丧。但这可能需要很长一段时间。

参与者 G：那有没有什么办法能让我明确地告诉他，我多想让他明白，我并不想强迫他做任何事情？

马歇尔：你可以试试呀，但大多数时候这样的人会把所有东西甚至包括你的沉默不语都听作对他的要求，所以你不妨适当地咆哮一下。因为你一直把自己的需要藏在心里，他会把它当作一种非常沉重的负担背在肩上，所以你要大声地喊出你想要说的话。我相信，只要你不断尝试，他也许会明白的。

参与者 G：我也担心，如果我只是做自己的思想工作，什么都不跟他说，他会认为我是在通过避而不谈来逃避这个问题。

马歇尔：是啊，不能说出我们的需要是多么痛苦的一件事情啊。大声地喊出"我希望你能告诉我，我要做什么或说什么才能让你相信，我不想给你带来任何痛苦"这样的话并没有什么错，但与此同时，你也要关切地了解：他在一个不停有人告诉他这错了或那错了的家庭中成长起来所承受的痛苦。他经历过各种各样的指责，所以，你需要付出大量的时间和耐心才能够获得他的信任。所以，我认为仅仅通过告诉他你不会强迫他做任何事并不能够取得他的信任，由于他之前的经历所带来的恐惧，他需要你不断给以感同身受的理解。

表达感受和需要

（另一场景）

马歇尔：还有人能提供其他场景吗？

参与者 H：我要说的是一个关于打电话的场景。在电话那头，我男朋友（他离异有一个女儿）说：

"嗨,我今天恐怕来不了了,因为我女儿下午1:30就放学了,虽然我很想和你一起度过一段美好的时光,但是如果我们今天约会,我会因为总惦记着去接女儿而感到紧张和焦虑。"

马歇尔:然后你说了什么呢?

参与者H:我能确定当时我自己的感受:我很心痛。然后我就是这么和他说的。

马歇尔:你说的是"我很心痛"?

参与者H:是的,我当时根本无法分辨自己的需要了。

马歇尔:但是你没能说出你的需要啊,而且你的时机选择得有点武断了。对方需要的是你的同情,而他听到的第一句话却是"我很心痛",那么,显然一场大战即将要打响了。

参与者H：当我说"我很心痛"时，他问我："为什么？"

马歇尔：我曾经问过好几个不同国家的人："你听到过的让你感到最难以忍受、最没有安全感的话是什么？"排在首位的就是"为什么"。如果你真的想让别人感到惶恐不安，那你就问他"为什么"吧。

参与者H：当时我选择了沉默，什么也没说。然后，男朋友又罗列了一大堆他之所以不能来的其他理由。

马歇尔：可怜的家伙，这无异于自取灭亡啊。他没有意识到，当他试图解释和为自己辩护时，这听起来其实就像是对女朋友的又一次打击。那么，之后发生了什么呢？

参与者H：我说："我很心痛，我必须思考一下这个问题。"然后我觉得我应该给懂得非暴力沟通语言技巧的朋友们打个电话了。

马歇尔：嗯……这也是一种很聪明的做法啊！所以，如果我没理解错的话，你很想跟这个人约会，是吗？

参与者H：是的。

马歇尔：但这个人的需要与你的需要有着冲突，所以，这个人说"我现在有其他需要，没办法去满足你的需要了"，是吗？

参与者H：对，虽然从道理上讲，我也能理解，但是我心里觉得……

马歇尔：虽然理智上你能理解，但你仍然感到很心痛，因为你听到的是什么呢？

参与者H：我听到的是："我不想和你在一起。"

马歇尔：是的，你听到了拒绝，这就是生命痛苦的根源。当他人的需要与我们的需要存在冲突，并且他们说"我现在想去做点别的事情，而不想去满足你的需要"时，你所听到的是"他们不想跟我在一起"，而你自己则用了更委婉的语言来表达你的不快，你说的是"我很心痛"。我必须得承认，曾经当我听到"不"的时候，我同样也会戴上评判的耳朵，因为当你听到"不"的时候，想要让自己戴上非暴力沟通的耳朵是很困难的。

确实是这样的，但无论如何，我们都要学会怎样在这种情况下戴上非暴力沟通的耳朵，因为这样确实可以免去我们很多的痛苦。如果我们总是把他人的需要与我们的需要的不同之处听成一种拒绝，那么我们很快就会真的遭到拒绝。谁会愿意和这样的人在一起呢？这样很快就会让人感觉与你相处很沉重，所以，除非我们能够学会戴上非暴力沟通的耳朵，否则我们真的会把对方赶走。

当然，我知道，要做到这一点并不容易，但是当我们学会戴上非暴力沟通的耳朵时……（此时，马歇尔假装戴上了一对毛茸茸的耳朵并且做出比较夸张的表情，他的样子惹得人群发出咯咯的笑声。他对着发出笑声的人说）：我感觉很受伤。（观众们笑得更大声了）

参与者 H：如果你那样回答的话，那你的耳朵就没起作用！

马歇尔：呃！（更多观众笑得更大声了）是的，显然，我拿错了耳朵，我需要换一对真正的非暴力沟通耳朵。

现在，我戴上了非暴力沟通的耳朵，奇迹就这样发生了：世上再也没有拒绝了。我所听到的都是事实，对于以非暴力沟通方式说话的人来说就是：人们正在表达的都是他们的感受和需要。不管他们怎么说，他们所表达的唯一的意思都是他们是怎样的，他们想要什么来让自己的生活变得更加美好。当一个人说"不"时，他只是用了一种比较糟糕的方式来让我们知道他真正想要的是什么。所以，我们不应该因为自己把它听成一种拒绝而让事情变得更糟糕，我们应该听到的是他想要的是什么。

你们当中应该有人听我讲过这样一个段子：一个女人对她丈夫说："我不想让你在工作上花费那么多时间。"结果，当她丈夫真的去报名参加高尔夫球锦标赛时，她对他大发雷霆。（观众发出笑声）她已经告诉了丈夫她不想要的东西，可惜丈夫并没有戴上非暴力沟通的耳朵，他不懂怎样才能听到妻子真正想要的是陪伴。当然，如果她当时说的是她想要多些陪伴，事情可能会更简单一些。但是如果在她说"我不想让你在工作上花费那么多时间"时，丈夫戴上了非暴力沟通的耳朵，他会说……

丈夫：哦，所以你是在关心我的健康，希望我能够有更多的娱乐时间，是吗？

妻子：想得美。在过去的6个月里，你和我还有孩子们待在一起的时间总共也只有两个晚上。

丈夫：呃，所以你对我们在一起的时间很少感到非常失望，你希望我每周能至少拿出一个晚上的时间来陪伴你和孩子们，是吗？

妻子：完全正确。

马歇尔：你瞧，当我们戴上非暴力沟通的耳朵时，我们听到的从来都不是一个人不想要什么，我们会试着去帮助他们弄清楚他们想要什么。当我们只知道自己不想要什么时，这其实是很危险的，它会让我们陷入各种各样的困惑之中。

当我们清楚地知道我们想从别人那里得到什么，特别是当我们清楚地知道我们想要他们出于什么样的动因去做这些事情时，我们就会明白，我们永远无法通过对别人任何形式的威胁或者惩罚来让我们的需要得到满足。无论我们是为人父母、老师，还是其他角色，我们都永远无法通过惩罚别人来让我们的需要得到真正的满足。因为任何人，只要有一点意识，都不会希望别人是出于恐惧、内疚或羞愧的情绪才来为他们做事。借助于非暴力沟通语言，我们能够看到不远的将来，我们将能够预见这样一种情形：任何时候，当某人出于恐惧、内疚或羞愧等动因去做事情时，大家都会感到正在失去一些东西。所以，我们现在就应该戴上非暴力沟通的耳朵，去关切地理解对方。现在，让我们再来试一次吧。

（在继续打电话的场景中，参与者 H 本色出演，马歇尔扮演她的男朋友。）

男朋友：我真的很矛盾，我能感觉到我很想和你在一起，并且想把我的全部注意力都放在你身上，但今天我的女儿分散了我的注意力。

参与者 H：你是希望我做一名非暴力沟通者吗？

马歇尔：是的，请戴上非暴力沟通的耳朵吧（假装递给参与者 H 一对非暴力沟通的耳朵，要她戴上）。

参与者 H：我真的感到很失望。

马歇尔：不，不。此时，你男朋友这个可怜的人需要的是你的同理心啊。

参与者 H：所以，你是真的很想和我一起度过一段美好时光的，你希望你在我的面前时可以做到心无旁骛，可是今天你需要照顾你的女儿，因为她会提前放学，是吧？

男朋友：是的，谢谢你能理解我，因为我很害怕当我不能总是满足我所关心的人的需要时，他们会认为这是我对他们的一种拒绝，长此以往，我也会被他们拒绝和抛弃的。所以，我才很害怕让你知道我的需要与你的需要存在冲突。因为，我曾经有过那种可怕的经历，当我没能去做对方希望我做的事情时，我也没能从她那里得到我想要的爱。对我来说,告诉你我的需要与你的需要存在着冲突是一件很可怕的事情,因为我之前还担心你会把我的话听成"我不想和你在一起"呢。

参与者H:所以其实你是想得到更多的理解,是吗?

男朋友:是的,我希望得到更多的理解。

参与者H:我猜你当时应该很害怕今天不能好好地和我在一起了,因为你感觉自己需要照顾你女儿。你害怕在你告诉我这些之后,我会以为你说的这些是你不想和我在一起的托词。你过去肯定曾有过这样的经历,你本来想要去满足你所关心的人的需要,但由于你们之间的需要存在着冲突,或者是最终你没能真的满足他们的需要,从而导致他们认为你是不想和他们在一起。当他们感到被拒绝时,他们就会惩罚你,然后你会感到内疚和羞愧,他们还会对你做出评判,而这些会让你觉得更加内疚和害怕,是吗?

男朋友:是的,没错,就是这样的,能够得到你的理解,这感觉实在太好了。我的女儿,我要来了!(笑声和掌声)现在,当你开始告诉我你内心的痛苦时,我也能够做到耐心倾听了,因为我已经先得到我所需要的理解了。

参与者 H:现在,我想知道你是否愿意听听我的感受呢?

男朋友:当然,我很想听听你的感受。

参与者 H:我觉得很失望。

男朋友:嗯,对不起,我不是故意让你失望的。

马歇尔:注意了,男朋友现在已经有了要为别人的感受而负责的念头了,这有点自取灭亡的意思。当她告诉男朋友自己感到很失望时,他立马变得警觉起来。在不运用非暴力沟通的情况下，当人们听到有人说他感到痛苦时，人们会立刻觉得是自己做错了什么事情才导致这种问题的，所以他们会觉得他们不得不需要做一些什么事情来进行弥补。所以，H伴侣所做的，也是所有不熟悉非暴力沟通语言技巧的人通常首先都会做的一件事，就是道歉。我们都知道，当你听到"我很抱歉"这样的话时，随之而来的就是对道歉人的评判了。然后，他会重复地告诉你一大堆你根本不想听的理由，因为在你看来他说这些只是为了证明为什么他今天要选择和自己的女儿待在一起，却把所有的痛苦都留给你，而不是在对你表示任何的理解和感同身受。

男朋友：对不起，我不是故意让你失望的，但这是唯一一天……

马歇尔：接着就是一大堆的借口、托词和理由。哎哟喂！（观众发出笑声）

参与者 H：接下来，我还是要表示理解吗？

马歇尔：不，你要运用非暴力沟通的方式大声喊出来！你给了伴侣你的理解，现在你也同样需要伴侣对你的理解。

参与者 H：好吧，那我现在需要和你分享我的感受了。

男朋友：是的，这很重要。

参与者 H：我现在想做的事就是告诉你我此刻的感受，仅此而已。你能否告诉我：你是否真的明白我的意思？

男朋友：哦，是的，我有一个很不好的习惯，就是不善于倾听，我从来都不善于倾听。我妈妈也不是一个很好的倾听者，呃，你知道……（观众发出笑声）

参与者 H：下一次，我能和你妈妈谈谈吗？

马歇尔：不要这么说，用非暴力沟通的方式大声地喊出来就好。

参与者 H：我听到你说因此而感到痛苦。

马歇尔：不，不要给他那么多的同情心，就用非暴力沟通的方式大声地喊出来。

参与者 H：我需要和你分享我对于此事的感受和需要，我很希望你能倾听我所说的，然后告诉我我说了什么，可以吗？

男朋友：好的。

（马歇尔在打手势……在参与者 H 向马歇尔发问时，观众大笑起来）

参与者 H 向马歇尔提问：对了，您提前已经跟他谈过了吗？（更多人笑出了声）

马歇尔：是的，现在我连他作的表情都能想象得到！

参与者H：当我听到你说今天不能和我待在一起的时候，我真的觉得很失望。

男朋友：是的，但是……

（在接下来的场景中，马歇尔一人分饰两个角色，在男朋友及其非暴力沟通导师之间切换角色。）

马歇尔向小组成员说：有时，你需要向应急非暴力沟通导师来寻求帮助。

非暴力沟通导师：嘘，嘘，听她说。

参与者H：我当时真的很期待能和你一起度过这美好的一天，因为我非常喜欢有你的陪伴，我很想见到你。

非暴力沟通导师：你能告诉她她说了什么吗？

男朋友：是的，我理解她的感受。

非暴力沟通导师：那你能说说她的感受是什么吗？

男朋友：嗯，她是对的，她确实该有那种感觉。这对我来说真的太可怕了，如果我早知道我可能无法做到这一点，我就不应该做出这样的承诺。这对我来说太可怕了，我真的觉得非常愧疚。

非暴力沟通导师：你是否能意识到，当你把她所说的话听成她对你的批评时，这本身对她来说就又是一次伤害呢？

男朋友：嗯？

非暴力沟通导师：当你把别人的话理解成因为你做错了什么而对你的指责时，你实际上是在又一次冒犯别人。因为他们不仅没有从你这里得到他们所需要的理解,相反,还会有种自己的真诚给你带来了麻烦的感觉。如果当她尝试告诉你她发生了什么事时,你认为这是因为你做错了什么,那么从这之后,要想再让她对你坦诚以待将会难上加难。

男朋友:但是当我没有戴上非暴力沟通的耳朵时,除了我做错了什么,其他的我什么也没听到啊。

非暴力沟通导师:你真的想要一对非暴力沟通的耳朵吗?

男朋友:是的!(在马歇尔做出为男朋友戴上非暴力沟通的耳朵这一动作时,大家笑了起来。)

男朋友:看来你真的很失望,因为我……

非暴力沟通导师:不,你还是没有直接戴上非暴力沟通的耳朵。她并不是因为你这样或那样才感到失望的,不要再试图去为她的感受负责了,耐心地听听她发生了什么事就好。

（在后面的交流中，马歇尔扮演戴上了非暴力沟通耳朵的男朋友。）

男朋友：所以，你感到失望是因为你很期待这一天，你真的很想和我一起度过这段时间，是吗？

参与者H：是的！

男朋友：这是你非常期待的一件事吧？

参与者H：是的。听到你这么说，我真的很高兴！

男朋友：当你得到这种感同身受的理解时，你真的感觉很好吗？

参与者H：是的，感觉很好。

男朋友：你不想让我觉得自己是一个卑鄙的家伙，是吗？

参与者H：是的，我不想让你觉得自己是一个卑鄙的家伙。

男朋友：你需要的只是这种同理心吗？

参与者H：是的！

男朋友：这就是我需要做的吗？

参与者H（她的声音重新变得温柔）：是的，如果你能这么说，我会非常感激的。

男朋友：这太神奇了！我一直以为，为了让自己被爱，我必须去做别人想要我做的所有事情。原来，人们只是需要我的同理心和我的坦诚……这太让人惊讶了。谢谢你陪在我身边，我会努力一直戴着非暴力沟通的耳朵的。

参与者H：我很喜欢你能这样。

马歇尔：当我们开始生气或即将发动攻势时，我们首先要做的就是意识到我们可能没有听清对方的话。因为能够让我们摆脱这些争吵的关键正是我们的意识，如果我们从别人传递的信息中听到了除了恩赐之外的其他意思，那么肯定是我们没有听清楚他们所说的话。当你的非暴力沟通的耳朵掉落时，你必须引起注意，愤怒就是一个很好的线索，对于非暴力沟通者来说，这就像是一个警钟。当我们变得愤怒或有攻击性时，或听到的是攻击、要求时，我们就应该很快地意识到我们并没有听清楚对方的话，我们并没有真的去了解他们到底发生了什么事，而只是在自己的脑海里主观地评判他们哪些地方做错了。如果我正在运用非暴力沟通的理论进行沟通，那么我就知道我要赶紧闭上嘴巴，戴上非暴力沟通的耳朵，并倾听我自己。但如果我戴着的是评判的耳朵，结果就是我会弄伤自己。如果是这样，我到底该怎么做呢？

我会选择倾听我自己，给自己以同理心。同时，我会看看如果自己戴着评判的耳朵会给自己带来多少痛苦，我会去倾听它们，我会注意到这些事情已经发生了，我会闭上嘴巴去感受我脑海里正在发生的事情，就像是看一场电影一样。（观众发出笑声）

安慰与同理的区别

参与者1：我想知道，通过告诉对方"听起来你好像很害怕，你需要一些安慰"来给对方以同理心，与真正去安慰他们之间有什么区别？如果他们说"是的，我确实需要一些安慰"，那么我们又该怎么做呢？

马歇尔：如果对方说他们确实需要安慰，而与此同时，我们也心甘情愿地想去安慰他们，那就没有什么问题。但如果他们想要的是同理心，而我们给他们的却是安慰，这时，问题就来了。比如，有一次，我的大女儿一边照镜子，一边说："我丑得像头猪。""不，你是世界上最美丽的女孩！"我立马说道。她喊了声"爸呀",然后就摔上门出去了。事实上,我当时就是在那里做着评判,而她其实是希望我留意她的感受,但是我却尝试着去安慰她,我这么做实则是为了满足我自己的需要。然后,你们猜猜我做了什么?我对自己做了一番检讨之后,走进了另外一个房间,边走边说:"你一年到头每一天都在宣扬这个,但当它发生在你自己身上时,你却忘记了。你忘了那句箴言:'不要急着做什么,站在那里就好。'"之后,我走到她面前,对她说:

我猜你需要的是我能体会到你对自己形象的失望之情,而不是我的安慰。

女儿(参与者I扮演):是的,你总想着和稀泥敷衍我。(观众发出笑声)

马歇尔:嗯,我认罪。

不放弃表达自己需要的权利

（另一场景）

参与者1：有时候，我感觉自己总是必须照顾我丈夫的感受。过去，我有时会对其他的情侣或小组中的其他人说一些在我丈夫看来是私密或隐私的事情，我丈夫对此颇有微词。从那以后，我明白了他的事情和我的事情之间是有区别的，但有时候你需要很好地把握到底什么能说和什么不能说。所以，我很想知道，当我们和一群人在一起时，什么时候我问他"我能说这个吗"这样的问题是合适的，同时也不会让我显得"不自主"。因为有时候，当我问他这个问题时，他就会说不行或指责我不应该说这些，然后我就会感觉到自己受到了限制，很生气。你能明白我的问题吗？

马歇尔：我想我听明白了。让我想一想，你的意思是说，有时候你不清楚你与其他人谈论什么事情会让你丈夫感到舒服,以及谈论什么事情会让他感到不舒服,是吗?

参与者1:是的。

马歇尔:我想说,你提出问题的方式并不符合非暴力沟通的原则,事实上,你正朝着一个危险的方向前进。我对你的问题进行了整理,并把它翻译成了非暴力沟通的语言。人类学家欧内斯特-贝克在他的《精神病学的革命》中提出,沮丧是因为一个人处于激烈的内心冲突之中,无所适从。他的意思是说,如果我们像你刚开始时那样对自己发问,我们的脑子里就会充满问号,无法解答。"这样可以吗?""这样合适吗?"这样的问题通常是无法找到答案的,所以最终它们只能在我们的脑子里打转转。你注意到我对这些问题进行了回应吗?你刚刚说,你的伴侣有时候会对你所说的事情感到不舒服,但这并不意味着你不可以去做这件事,也不意味着它不合适。这只是说他不喜欢你这样做,而你也只是在问自己的伴侣:"我不清楚哪些东西说出来会让你觉得不舒服。你能给我举个你喜欢或不喜欢我说某些事情的例子吗?"

(在后面的交流中,马歇尔扮演参与者I的丈夫。)

丈夫:嗯,显然,我不希望你对别人说不合适的事情。(观众发出笑声)

马歇尔:我们需要弄清情感奴隶、讨厌和自由之间的区别。事实上,情感奴隶与非暴力沟通之间还是有很长一段距离的。当人们变成情感奴隶时,他们会认为自己必须去做别人认为合适、正确或正常的事情,他们终其一生都在想自己必须做些什么来取悦别人,别人认为什么是合适的,这让他们活得很累。比方说,某人回到家时看上去有些不安,但其实,他因为什么而感到不安本身并不重要了。

丈夫:我对一切都感到不安。

马歇尔:你瞧,其实他为什么感到不安并不重要。当有人感到痛苦时,其他人往往会认为必须忙忙碌碌地去做些什么来给他们以照顾。之后,他们来到非暴力沟通研讨班,告诉我:"你对'我们不应该对别人的感受负责'的解释不够清楚,你没能说清楚我们要负责的到底是什么。"再然后,他们从研讨班回到家中,当他们的伴侣说"我仍然对A感到不安时",他们回答是:"哦,那是你的问题,我不需要对你的感受负责。"(观众发出笑声)

丈夫:你从哪里学的这些?

参与者1:一个非暴力沟通研讨班。

丈夫:我要杀了那些人!

马歇尔:非暴力沟通的观念是:"不,我们确实不需要对其他人的感受负责,但我们也要意识到,我们不能通过说出类似'我不需要对你的感受负责'这样的话来继续刺激他们。我们可以单纯地去倾听对方的感受，而不失去自我。我们可以倾听他们需要什么，然后给予他们同理心，但我们并不一定非要去做他们希望我们做的事情。"

我们要明确地表示我们想要给予的是同理心，而不是让对方放弃或妥协什么。倾听和尊重对方的需要并不意味着你必须要按照他们的要求去做。不知道这样是不是能够回答你的问题，还是我答非所问了？你需要非常明确自己需要的是什么，在不运用非暴力沟通语言进行沟通时，我们会说"我可以吗""这样可以吗"，而非暴力沟通者从来不会想要得到别人的许可，他们从来不会放弃表达自己需要的权利，而让别人来告诉自己该怎么做。在非暴力沟通中，我们会这样说：

这就是我想要的，并且我想知道你对此是什么立场。我想要了解你的需要和我自己的需要，但这并不意味着当我听到你的需要时我会放弃我的需要或有所妥协。我知道我不能以牺牲你的需要为代价来满足我自己的需要，因为你的需要与我的需要同等重要。但同时，我也明白，这也不意味着我必须放弃自己的需要来满足你的需要。

在你身边我迷失了自己

（另一场景）

参与者K：马歇尔，你准备好回答另外一个问题了吗？有些人会说："我无法维持一段长期关系，因为在你身边我会感到迷失了我自己，可能是因为我在情感上还不够成熟吧。我能看到的是，当我同意与你建立和开始一段长期关系后，我出现了一些很不正常的行为，我感到有些地方好像不对劲了，这让我觉得惊讶，'自己竟然能这么快就爱上了一个人'。"我告诉她："没关系，我仍然愿意和你做朋友。"而她却说："我不知道该说什么好了。"

马歇尔：是的，的确是这样的。这样的人一直以来接受的都不是非暴力沟通的爱情观，比如，他们会认为"如果你真的爱一个人，你就会有意识地克制自己的需要而去照顾对方的感受"。于是，每当进入一段亲密关系、一段充满爱意的关系时，他们就会变得很有评判性。而在这之前，他们其实也是很可爱的，他们的生命也很精彩。显然，这些评判的意识其实是非常危险的，因为它们都披着非暴力沟通的外衣。(观众发出笑声)正如你所看到的那样，在一段关系刚开始时，双方都会真心地彼此给予，并享受给予的过程。这很容易理解，因为在他们越过那条线之前，他们是不会想到要放弃自己的需要去照顾别人的感受的。

那么，那条线指的是什么时刻呢？就是当人们害怕自己"做出承诺"的时候。如果你真想吓破一个人的胆，那就跟他谈谈承诺吧，或者用"严肃"这个词来定义你们的关系吧。一旦他们认为这是一段"严肃的关系"或者在这段关系中出现了"爱"这个词——"我爱这个人"，你们的关系就要玩儿完了。因为，一旦他把你们的关系定义为一段严肃的关系，他就会觉得自己要对你的感受承担责任了,他就会觉得,为了表达对你的爱,他必须为了你而放弃自己的需要。

而这背后的潜台词就是:"我在和你的关系中迷失了我自己,而我无法忍受这样的事情发生。我看到了你的痛苦,然后我感到很困惑,我希望自己可以远离这一切。"不管怎么说,他们感到自己是在对此承担责任。而在更深的层面上,他们会把这一切都归咎于你:"是你太依赖人了,你要得太多。"而这真的是逻辑混乱,因为他们并没有意识到,他们之所以会感到迷失,其实是和自己害怕为了你而不得不放弃自己的需要有关系的。

(在后面的交流中,马歇尔分饰伴侣和非暴力沟通者,进行角色扮演。)

伴侣:我很害怕身处这样的一段关系中,因为我刚刚结束了一段类似的关系。每当我看到你有任何需要或者痛苦时,我都无法告诉你我内心到底有多痛苦,然后我甚至开始觉得自己像一个囚犯,我真的感觉自己就快要窒息了,所以我必须尽快地摆脱这样的关系。

马歇尔:作为一名非暴力沟通者,对此我需要做的还有很多,但我并不认为我的需要或我的爱有任何问题。如果我那样想,事情只会变得更加糟糕。我并不需要为此承担什么责任,我需要做的就是真正地去倾听你所说的内容。

非暴力沟通者:所以,你陷入了恐慌之中。好好享受爱带给我们的关怀和蜜意的同时,又不去把这份爱看作一种负担、职责和义务——你发现这对你来说很难。你觉得自己的自由受到了压迫,你会有一种必须要照顾我的感受的感觉,是吗?

伴侣:完全正确!就像监狱一样,我都无法呼吸了。

非暴力沟通者：每当你发现我在痛苦或感受不好时，你就会觉得自己的生命就好像停止了一样，是吗？

伴侣：是啊！（叹气）

非暴力沟通者：我很高兴你能告诉我这些，如果把我们的关系界定为朋友而不是恋人，会不会让你更有安全感、更舒服一些呢？

伴侣：跟朋友我也这样，和任何我关心的人我都是这样，我跟我的狗曾经也这样呢。（观众发出笑声）

非暴力沟通者：天啊，我现在真的是进退两难了。我想表达我的痛苦，但如果我表达了自己的痛苦，我怕你会抓狂。

伴侣：是的，我会的，我肯定会的。每当你表达任何痛苦时，我都会认为是我做错了什么，然后我会觉得我自己必须要做点什么。之后，我会觉得我的自在生活就这样结束了，我必须要开始照顾你的感受了。

然后我会对自己说："哇，无法得到别人的理解对我来说是一件多么痛苦的事情啊。我想让别人能够明白我内心的感受和需要，并把它们看作一种礼物，但现在我却把我的需要变成了要求，这对我来说真的很痛苦。我不知道该怎样才能从这个人那里得到我想要的。让我再试一次，看看是否能够获得这个人的理解。"

非暴力沟通者：你愿意试着只是倾听我所传递的某条信息，而不去考虑是否需要承担责任吗？

伴侣：你是什么意思呢？

非暴力沟通者：我想告诉你我的感受和需要，我希望你只倾听我的感受和需要，而不要在意其他东西，你只需要重复一遍你听到的我所说的话，你愿意这样做吗？

伴侣：我愿意尝试一下。

非暴力沟通者：我感到很难过……

伴侣：我很抱歉。（观众发出笑声）

非暴力沟通者：先不要忙着道歉，等一下，等我说完，你重复我所说的话就好。我感到很难过，因为我希望我的感受和需要对于你来说可以成为给你的礼物，而不是威胁。你能告诉我你听到我说什么了吗？

伴侣：我不应该反应如此强烈，是吗？

非暴力沟通者：不是的，我并不是想告诉你你应该做什么或不应该做什么，我只是说我有一种感受和需要，只关注这一点就好。我感到难过，因为我希望我的感受和需要能成为给你的礼物，而不是威胁。你能告诉我你听到我说什么了吗？

伴侣：我让你感到难过了。

非暴力沟通者：让我难过的不是你，而是我的需要，你能只听这一点吗？

伴侣：请再说一遍吧。

非暴力沟通者：我感到很难过，因为我真的很希望我的感受和需要能成为给你的礼物，而不是威胁。

伴侣：你感到难过，因为我……

非暴力沟通者：不是的！

伴侣：因为你……？

非暴力沟通者：谢谢。

伴侣：因为你希望你的感受和需要能成为给我的礼物，而不是威胁。

非暴力沟通者：我很感激你能听到这一点，你可以平静地离开了，但我希望有一天你能喜欢我并回到我的身边。

提出请求

（接上一场景）

参与者K：但是我的话还没说完呢。（观众发出笑声）

马歇尔：还有什么？

（在后面的交流中，参与者K本色出演，马歇尔扮演她的伴侣。）

参与者K：我感到害怕，我需要感受到我们仍然是有联系的，因为我们曾经就是联系在一起的。至于到底怎样联系在一起其实并不重要，我不需要你成为我关系亲密的伴侣，但我仍然需要感受到我们还是有联系的，至少我们还是朋友。

马歇尔：你能想到这一点，这很好，但如果你就此打住，这是不符合非暴力沟通的原则的。你所表达的是，你仍然想与她保持联系的感受和没有得到满足的需要，但你并没有明确地告诉对方你希望她怎么做。对于以评判的方式倾听的人，这无异于火上浇油。当你对一个没有戴非暴力沟通耳朵的人说"做个朋友吧"，而没有明确表明你希望从他们那里得到什么时，他们会再次把它解读为："你想把我闷死，你想要我成为你的奴隶。"所以，对于不了解非暴力沟通的人来说，你的请求必须非常具体才行。你不能说："我要你爱我，我想要得到你的理解，我需要你倾听。"你要具体地说明，作为你的朋友，你希望对方做些什么。

参与者 K：我想每个月至少可以给你打一个电话，问问你的近况，然后也让你知道我的情况。

马歇尔：你现在需要说的是："我想让你告诉我，你是否愿意我每个月给你打一次电话问问你的情况？"

伴侣：一次多少分钟呢？

参与者K：哦，某个星期天大约30分钟吧。

伴侣：好的。

马歇尔：在运用非暴力沟通时，我们需要做到非常具体。

应对歧视

（另一场景）

参与者L（轻柔地说）：我所认识的某个人曾说过，女人一旦结了婚就会变成泼妇。

马歇尔：如果我不秉承非暴力沟通的话，我会认为你这是性别歧视言论。然而，一旦我们脑子里有了这样的想法，我们就失去了让说话者更敏锐地感受到我们的需要的能力。一旦我们把某人评判为"性别歧视者"或"种族主义者"，即便我们没有大声说出来，而只是在脑子里想想，我们几乎就已经失去了获得我们所需要的东西的能力……那么这时，你说了什么呢？

参与者L：我停顿了一下，因为我感到很不安，不知道该说些什么了。我并没有告诉他这是性别歧视言论，但在停顿的过程中，我能感觉到作为女人，我听到一个男人对女人说这样的话带给我的痛苦，我根本没有心情再去运用非暴力沟通语言技巧了。

马歇尔：那几秒钟的停顿耗尽了你运用非暴力沟通去反应的能量，然后，你告诉自己不要去管什么狗屁非暴力沟通了。

参与者L：我摇了摇头，说道："我们应该允许女人脾气变坏。"

马歇尔：你这是在肯定他的说法啊，对非暴力沟通者而言，从来没有同意或不同意这回事。我要提醒你注意的是：永远不要猜测别人脑子里的想法——那里是很丑陋的。（观众发出笑声）离他们的脑子远点，让我们试着走进他们的内心。

（在后面的交流中，马歇尔分别扮演该情境中的男人和非暴力沟通者，以此来说明非暴力沟通者在面对性别歧视时的回应方式。）

男人：结婚后，你们女人都变成了泼妇，这是真的吗？

非暴力沟通者：（沉默）

马歇尔：这就是我们所说的停顿。此时，非暴力沟通者非常生气，就像我之前所说的那样，当非暴力沟通者生气时，她知道自己并没有听到她需要听到的东西，所以她坐了下来，并感受着她脑海中所闪过的那些带有评判性的想法。

非暴力沟通者（内心独白）：我想抓住这个性别歧

视者的脖子,然后把他的头拧下来,我对这样的言论感到恶心和厌烦。为什么就因为我是个女人,在工作中就必须一直承受这样的言论呢!(叹气,内心独白结束)

非暴力沟通者(大声地说):你是否对你婚姻中所发生的事情感到紧张,所以想找个人聊聊呢?(哄堂大笑)

参与者L:实际上,我当时真的有想过,但我并没有选择把它说出来,因为我们当时正在为一位同事举行告别午餐,我并不想扫大家的兴。

男人:你在说什么啊?我们只是在开玩笑,你对一切总是那么敏感。

非暴力沟通者:所以你只是在和我玩闹,并希望我能够乐在其中,是吗?

男人:是的。

非暴力沟通者：好吧，我想告诉你为什么这对我来说是不容易做到的，我还想告诉你当我听到这样的言论时有多么的痛苦。

男人：好吧，你不应该这么敏感的。

非暴力沟通者：我想让你等我把话说完再插话，再告诉我不该做什么，你愿意这样做吗？

男人：小心眼儿，太小心眼儿了吧！（观众发出笑声）

非暴力沟通者：当你受到伤害时，你希望我能跟你一起玩闹开玩笑，是吗？

男人：是啊，你们这些自由主义者真是些令人讨厌的家伙。

非暴力沟通者：所以，你希望我们能够一起开玩笑、玩耍，而不要去在意每一个词是吗？

男人：是的。

非暴力沟通者：我也希望我能做到这一点，但同时我也希望你能理解我为什么会这么痛苦。我想让你告诉我，你是否愿意听我说说我内心的想法。

面对辱骂

（另一场景）

另外一位参与者：非暴力沟通者该怎样面对辱骂呢？

马歇尔：在非暴力沟通中，所有辱骂都是那些需要没有得到满足时的极为可怜的表达方式。当辱骂发生时，非暴力沟通者会问自己："辱骂者是有什么需要没有得到满足吗？"可悲的是，辱骂者不知道除了辱骂，还有什么其他的方法能更好地表达自己的需要。

（在后面的交流中，马歇尔分饰骂人者和非暴力沟通者，进行角色扮演。)

骂人者：你太敏感了吧!

非暴力沟通者：你想让我换个角度去理解你的话吗?

骂人者：你是我见过的最自私的人。

非暴力沟通者：你是希望我能把最后一块蛋糕留给你吗?

马歇尔：辱骂只是那些需要没有得到满足时的可怜的表达形式。非暴力沟通者知道没有什么东西一定是正常或不正常的、正确或错误的、好的或坏的。他们知道，所有这些观念都是语言的产物，目的是要训练人们臣服于"权威"的统治。如果你想要训练人们服从于"权威"的意志，并顺从地融入等级结构中去，那么就需要对他们进行思想灌输，让他们知道什么是"对的"、什么是"正常的"、什么是

"合适的",并赋予"上层"对这些进行定义的权力。当一个人在这样的文化环境中长大时,他们就会让辱骂这种可怜的戏码在自己的身上上演。当他们感到很受伤时,或者非常需要什么东西时,他们就会对别人进行辱骂,因为除此之外他们根本不知道该如何表达自己的需要。

我们希望通过运用非暴力沟通来打破这种恶性循环。我们知道,当人们身处痛苦之中,却不知道该怎样明确表达自己时,他们就会诉诸暴力。有一本名叫《源于软弱》的书,是哈佛大学冲突解决学院的安迪·施莫克勒写的。他在书中写道,暴力——无论是在言语上、心理上或肉体上施加的暴力,还是夫妻之间、父母与孩子之间或国家之间发生的暴力,所有暴力的根源都是人们不知道该怎样和自己的内心感受建立联系。他们所接受的语言告诉他们,坏人就在那里,就是那些坏家伙导致了问题的发生。在这个过程中,人们不会发现对方言语背后那些没有能力表达的痛苦、恐惧以及没有得到满足的需要，这其实是一种非常危险的现象，也是非暴力沟通者致力于只去倾听各种辱骂背后的痛苦和需要，而不去接受，也不以同样的方式加以回应的原因。

如何表达感激

BEING ME, LOVING YOU

A PRACTICAL GUIDE
TO EXTRAORDINARY RELATIONSHIPS

参与者 M：你能谈谈表达感激时需要做到哪三点吗？

马歇尔：在表达感激时，我们需要记住三个要素。不要试图通过语言去赞扬，因为在非暴力沟通中并没有赞扬之类的东西，赞扬实际上是一种典型的评判技巧。赞扬是为了操纵对方，让对方按照我们希望的方式去行事，而感激则只是表明对方的行为给我们带来了一种美好的感受。经理们会觉得赞扬很管用，他们说，有研究表明，如果他们每天至少赞扬员工一次，员工会更加努力地工作。虽然赞扬在短时间内可能有效，但一旦员工们发现经理们的赞扬是出于操纵他们的目的，赞扬就将失去作用。在非暴力沟通中，我从来不会为了尝试得到任何回报而去表达感激。我们表达感激只是为了去"祝贺"他人的行为，为了让对方知道他们所做的一些事情给我们带来了很棒的感受。表达发自内心的感激的三个要素是：

（1）我们需要很明确地知道对方做了什么让我们想要感激；

（2）我们的感受；

（3）这让我们的什么需要得到了满足。

[在这三个要素的基础上,我们为您设计了感谢卡的框架(文前有展示),另外也随书附赠精美的空白感谢卡,希望能帮您更好地表达感激。]

如何练习非暴力沟通

BEING ME, LOVING YOU

A PRACTICAL GUIDE
TO EXTRAORDINARY RELATIONSHIPS

参与者 N：马歇尔，我还想让你说一说熟练运用非暴力沟通需要做到哪三点？

马歇尔：首先，好消息是它并不要求我们做到完美，也不要求我们成为圣人。我们不需要很有耐心，不需要有积极的自尊心，也不需要很有自信心，就像我所证明的那样，你甚至都不需要是一个正常人。（观众发出笑声）

那它到底需要什么呢？首先是精神纯粹。我们必须非常清楚地认识到我们想要怎样与他人建立联系。我得说，无论从历史还是从演变的角度来看，我们都生活在一个充满评判的社会中。虽然按照古生物学家德日进的说法，这个社会正在快速地向非暴力沟通进行着转变，但我还是觉得太慢了，所以我在尽我所能地加快它的转变速度。我所要做的最主要的事情就是从改变自身做起，当我全身心地投入非暴力沟通中时，我感觉我是在帮助整个世界。然后，我会用我余生的精力去帮助其他人也投身到非暴力沟通中来。所以，运用非暴力沟通的最重要一点就是要做到精神纯粹，我们要清楚地知道我们想要怎样与他人建立联系。从我自身来说，我每天都必须停下来两次、三次、四次——真正地停下来，并提醒自己，我想要怎样与这个世界上的其他人建立联系。

那么，我是怎么做的呢？当然，这因人而异。有些人会把它叫作冥想、祈祷、停下和放慢节奏，其实，不管你怎么称呼它，都无所谓。实际上，我自己每天也会去做不同的事情，但基本上都会停下来，放慢节奏，看看自己脑子里都在想些什么。我的脑海里是否有评判的想法出现？非暴力沟通是否萦绕在我的脑海中？我停下来，看看我脑子里发生了什么，然后慢下来。借用我最喜欢的影视剧之一《一千个小丑》中的台词，我提醒自己："我之所以生而为人，而不是一张椅子，是有其微妙、卑微但重要的原因的。"所以，这就是最重要的一点：精神纯粹。

第二点是：练习，练习，再练习。每当我发现在评判自己或他人时，我都会记录下来是什么刺激我去这样做的。我做了什么？别人说了什么或做了什么使我突然之间放弃了非暴力沟通，并让自己重新陷入评判中？之后，我会加以运用，我会在一天中的某个时候坐下来，看看自己的清单。我试着让自己去对当时我所经历的痛苦表示理解，我尽量避免让自己受到虐待，我试着去倾听当时是什么样的痛苦导致我以那样的方式去说话的。然后，我会问自己："当时的情形，是否我本可以怎样运用非暴力沟通呢？对方当时的感受和需要可能是什么？"因为非暴力沟通者不会试图去做到完美，我们知道追求完美是危险的，我们只要试着一步一步变得不再那么愚蠢就好了。（观众发出笑声）如果你的目标是一步一步变得不那么愚蠢，每当你把事情搞砸时，它就会成为你庆祝的理由了。因为它给了你一个学习如何变得不那么愚蠢的机会，你只需要练习、练习、再练习并学习怎样变得不那么愚蠢就好了。

第三点，加入一个非暴力沟通支持社区真的会很有帮助。由于我们生活在一个充满评判的世界里，所以，如果我们能够在自己的周围建立一个小的非暴力沟通世界，它会从现在开始帮助我们去努力建立一个更大的非暴力沟通世界。所以，我很感激，我们有各种各样的地方性的非暴力沟通团队。

非暴力沟通
对"爱"是
如何理解的

BEING ME, LOVING YOU

A PRACTICAL GUIDE
TO EXTRAORDINARY RELATIONSHIPS

马歇尔：以上阐述可能会让你明白，非暴力沟通实际上来源于我在理解爱、表达爱和践行爱方面所做的尝试。我所得出的结论是，爱不只是我们所感受到的，还是我们所表达的、所做的和所拥有的。同时，爱还是我们能够给予别人的：我们通过某种方式奉献自己的时间和精力。任何时候，当你真诚地展示自己，敞开心扉，别无所求时，这本身就是一种恩赐。不指责，不批评，也不惩罚，只是告诉你自己："这就是我，这就是我想要的，这就是我脆弱的地方。"而在我看来，这种给予就是爱的表现。

我们对他人的倾听是我们奉献自己的另外一种方式。带着同理心去倾听他人，与他们的内心联系在一起，不做任何评判，这就是一份礼物。当我们尝试去倾听别人的心声和他们想要的东西时，这也是一种礼物。所以，非暴力沟通只是我所理解的爱的一种表现。这么看来，它就类似于"爱人如己"和"不论断人，就不受论断"的观念。

当我们以这种方式与人交流时，不可思议的事情就会发生。这种美、这种力量将我们与一种神奇的能量联系在了一起。所以，非暴力沟通能够帮助我将这种美丽而神圣的能量长留在心中，让我能够通过这种能量与他人建立联系，而这就是我所经历过的最接近于"爱"的东西。

结　语

在人际关系中，我们想要做我们自己，但同时我们也希望以一种尊重他人的方式来做事情，尽管他们可能并没有以一种特别尊重我们的方式来对待我们。我们想要和他们建立联系，但我们又不想因为他们的处事方式而受到困扰，那么我们该怎么做呢？我的建议是，我们可以通过坚定而且自信地表达自己来做到这一点。

非暴力沟通就是一种坚定而且自信的语言。我们可以非常大声地表达自己，并且清楚地知道自己的感受是什么、自己的需要是什么、自己想从对方那里得到什么。

而与此同时，虽然我们非常坚定而且自信，但并不会把这种果断变成暴力。所以，有两件事我们是不会做的，即在非暴力沟通中，我们会坚持自己，但不会批评他人。所以，我们用非暴力沟通语言说出的任何话语，无论如何都没有指责对方错误的意思。这里我所说的错误，可能涵盖了上千种不同的东西，如不恰当的、自私的和不敏感的等等类似的词。事实上，这可能包含了对对方进行分类或分等级等的所有词。

在非暴力沟通中，我们要学会如何坚定而且自信地说出我们心中的想法，但也要懂得很好地说话的技巧。我们会以非暴力沟通的方式坚定地告诉别人我们希望他们怎么做，但同时，我们会把它作为对他们的一种请求，而不是命令。因为，当人们从我们的话语中听到批评或者要求时，某种程度上他们会觉得我们只重视自己的需要而不重视他们的需要。当对方对我们有这样的印象，认为我们只顾自己、不管他们时，我们就会迷失自己，因为此时对方并没有足够的精力去真诚地考虑我们的需要，他们会把大部分精力用在自我防卫或抵抗上。

当我们以非暴力沟通的方式交谈时，我们希望自己自信而且坚定，我们希望借此向对方传达我们的坚定，作为一份礼物，向他们敞开心扉，清楚地告诉他们，我们想要从他们那里得到什么。

我想说的是，人类最基本的需要，也是对每个人来说最美妙的感觉，是当我们看到自己有能力丰富他人的生活时所感受到的那种快乐。我看到每一个自愿给予的人都是由衷感到快乐的。我相信，只要人们相信我并不是在试图强迫他们做任何事情，这一切就会实现。只要我们都继续分享我们的感受和需要，我们就能将非暴力沟通之舞不断地跳下去，而我由衷地希望这一切都会实现。实际上，在我自己的人际关系中，我也对这一美好的理论进行了大量的检验。

邀 请

本书省略了与马歇尔·卢森堡博士或其他 CNVC 认证培训师的经验分享过程。当然,通过亲身参加非暴力沟通培训,你将能够得到更好的培训效果。而与现场观众的互动则能够增加学习的维度,这一点是纸质书无法比拟的。愿意的话,请访问 www.CNVC.org,以获取非暴力沟通培训与演讲的计划及世界各地非暴力沟通培训师和支持人员的名单。

★ 想要获取所有非暴力沟通材料的最新清单,包括音频、光盘和书籍等,

请访问 www.CNVC.org。

★ 想要获取更多非暴力沟通资料,

请访问 www.NonviolentCommunication.com。